はじめに

女性記者という仕事に図らずもスポットライトが当たったのは、決して喜ばしいきっかけからではなかった。

2018年4月、一人のテレビ朝日の女性記者が、財務官僚のトップである事務次官（当時）から受けたセクハラに対して週刊誌で告発をした。財務省はセクハラと認定、謝罪したが、当の事務次官は最後まで「セクハラをした」とは認めず、それどころか名誉毀《き》損《そん》で週刊誌を訴えるとまで主張した。

週刊誌で報じられたセクハラの内容はあまりにも〝下品〟だった。セクハラに対して厳しくなったこの時代に、ここまで誰が見てもわかりやすい、ある意味〝古典的〟なセクハラを、官僚組織のトップに君臨する人間が起こしたことに、私はまず啞然《あぜん》とした。

その後取材を進めると、彼の同様の言動は他社の複数の女性記者たちも見聞きしていた。財務省の関係者や記者たちの間では、彼のセクハラ発言は日常茶飯事で、女性記者の間では「要注意人物」として有名だったという。にもかかわらず、なぜこんな人物がトップに就いてしまったのか。問題視する人はいなかったのか。この時代錯誤な感覚が今の日本の官僚組織であり、メディアの状態を象徴しているとも思った。

同時に、私がもう一つ驚いたのが、告発した女性記者や相談を受けた上司、財務省に抗議したテレビ朝日への批判が起きたことだった。いつからかこの国では、会社や国といった〝大きな存在〟に対して〝物申し〟、〝異議を唱える〟個人を嘲笑し、非難する文化がはびこるようになっていた。

〝物申す〟人が女性の場合、特にその傾向に拍車がかかる。さらに今回は女性が男性（しかも権威のある）を告発したのだから、なおさらだった。「なぜ一対一で会ったのか」「なぜ録音したのか」という取材手法に対して批判が起きただけでなく、麻生太郎財務相に至っては「はめられた可能性は否定できない」とまで述べた（のちに撤回）。国家のナンバー2が特定の個人をこのような形で非難する（しかも事実に基づかないことで）ことも異常だが、それだけこのセクハラという問題、しかも女性記者による告発に対する反発は強かった。ここにはメディアへの嫌悪も含まれていると感じた。


この財務事務次官のセクハラ事件をきっかけに、メディアで働く女性たちの働き方にも関心が集まった。

なぜ夜に取材先と一対一で会食する必要があるのか。なぜ何度もセクハラに遭いながら告発しなかったのか――。私自身もいくつかのメディアの取材を受けたり、番組に出演したりする際に、何度も質問され、その都度、取材の仕組み、記者という仕事を説明した。

メディアで仕事をする女性たちの働き方が一般的に理解されにくい側面はあるだろうが、果たして、これはメディアで働く女性だけの問題なのだろうか。例えば、営業職の女性だって1人で取引先に出向くことはあるだろう。夜一対一になることもないとは言えない。であれば、この問題は、働く女性全体が抱えるものではないだろうか。取材に答える際には、そう問題提起をするようになっていった。

「テレビ朝日の女性記者は財務省がセクハラと認めた日に、「すべての人の尊厳が守られ、働きやすい社会になることを祈っています」というコメントを発表した。彼女の勇気ある告発が無駄にならないためには、改めて女性たちが置かれている現状を見つめ直すところから始めたい、そう感じている。

彼女が投じた一石は、他のメディアで働く女性たちも動かし始めている。この事件をきっかけにこれまで同様の被害に遭いながらも我慢し、沈黙してきた女性たちが、一斉に声を上げ始めたのだ。

私が編集長を務めるビジネスインサイダージャパン（Ｂｕｓｉｎｅｓｓ Ｉｎｓｉｄｅｒ Ｊａｐａｎ 以下ビジネスインサイダー）では、事件発覚後すぐに「メディアで働く女性たちへ」と題して、緊急アンケートを行った。2週間あまりで120人もの女性たちから回答が集まったが、8割以上の女性たちが「何らかのセクハラ被害に遭ったことがある」と答えた。さらに深刻なのは、その「被害に遭った」中で「どこかに相談したり告発したりした」という人は3割強。相談できずに泣き寝入りをしたりじっと我慢してきたりという人が7割近くいた、という実態だった。

アンケートを、と思ったのは、このテレビ朝日の女性記者の身に起きたことが、決して今でも珍しくないことに驚いたからだ。私自身、20代、30代の頃は取材先に食事に誘われたり、タクシーで送られる中で手を握られたり、ということはあった。

それから20年以上経った今、しかも企業などではセクハラ研修が徹底され、アメリカでは大物プロデューサーや政治家によるセクハラを次々と告発する#ＭｅＴｏｏ運動が盛り上がりを見せている中、少しは被害は減っているだろう、事態は少しは〝マシ〟になっているだろうと思っていた。

だが、財務事務次官のセクハラ報道に驚く私に、周囲の若い女性記者たちは冷静だった。「別に驚きません。このぐらい普通にあることですから」と。そして多くの若い女性記者たちは今でも一度や二度は同様の被害に遭っていた。取材を進めるうちに、結果的に退社に追い込まれるほど深刻なケースもあり、絶望的な気持ちになった。

女性が本格的に社会進出するようになって約30年。一体この30年で何が変わったのだろう。なぜ環境はほとんど変わっていないのだろう。

私が社会に出たのは１９８９年。新聞記者は10代から憧れ続けた仕事で、朝日新聞社は第１志望の会社だった。途中から週刊誌メディアに働く場所を変えたが、ニュースの現場にいる仕事を一度も辞めたいと思ったことはなく、自分にとっては〝天職〟だと感じてきた。時代の最前線を取材できている、それを伝えられるという感覚は、何物にも代えがたい。さらに、自分の手がけた記事に、少しでも誰かが共感してくれたり、面白いと思ってくれたりする。その記事がちょっとした仕事のヒントになったり、生きる勇気につながったりする。そんなメディアを作りたいと思ってきた。

特に1999年から17年間作り続けた週刊誌「AERA」、そして今編集長を務めているビジネスインサイダーでは、働く女性、働く若い世代が抱えている問題や悩みを集中的に取り上げている。この国の仕組みやルール、文化が未だに男性、特に中高年の、ある程度地位のある男性に〝有利だ〟と感じることが多いからだ。

働く女性、働き続ける女性は増えてきたにもかかわらず、女性たちの〝働く現場〟で抱える本質的な問題や悩みは、根本的に解決されたとは言いがたい。セクハラだけでなく、結婚や出産といったライフステージと仕事との両立、管理職に就くべきか、さらにその上を目指すのかといったキャリアに対する考え方……。

キャリアや両立問題には正解があるわけではない。未だに多くの女性たちが試行錯誤を続けている背景には、私たち男女雇用機会均等法世代が問題を解決する前に仕事を諦めてしまった、ということも大きいと思う。働く女性の数が圧倒的に少なかった1990年代、本気で女性たちが働き続けることを後押ししてくれる企業も少なかった。個人の力ではどうしようもなかった時代に辞めざるを得なかったという女性たちも多い。

少数派の働き続けた女性たちだって、試行錯誤の連続だった。むしろ今よりも働き続ける制度など整っていなかった時代だったのだから。だが、問題を声高に叫んで解決を訴えるよりも、男性中心の企業や社会に自分を順応させ、〝最適化〟させることで、まずは自分が働き続けられる、生き延びることを選んだのだと思う。あまりに少数派ゆえに選ばざるを得なかったというべきか。それぞれ個人がひっそりと〝力技〟で、その場その場の問題を解決してきたのだ。

なぜなら、何かを訴えれば、「じゃ、辞めれば」と言われることがわかっていたから。それは会社や男性からだけではない。同じ女性たちからも「働き続けることは自分で選んだことでしょ」「働き続けられるだけで恵まれている」と言われ、自分でも「そうだ、私は恵まれているんだから」と思うように努め、次第にそれが自分自身の思いなのだと錯覚もしてきた。

セクハラについてもそうだ。セクハラという概念が曖昧だった時代、私と同世代の女性たちの中にはもっと露骨な被害に遭った人は多いと思う。だが、告発よりも沈黙を選ぶことで、自分を会社や社会に無理やり順応させようとしてきた。あの時代に声を上げられたのかといえば、自分自身を振り返ってみても、それは非常に難しかった。いろいろな意味で。だから、同じ時代に働いてきた女性たちを責めることは意味がないし、酷だと思う。

私自身も1990年代は、むしろ女性であることを「感じさせない」ように働いてきた。週刊誌記者として一人前に扱ってほしかったからだ。夜回りや体をはった体験取材も辞さず、政局取材や事件現場も進んで最前線に行くことで、男性記者よりも「使える」と評価されたかった。女性だからといって「女性記者っぽい」ネタ（生活感のあるテーマは女性、という偏見がまだまだあった）が振られると、一気に気持ちが乗らなくなった。ましてや働く女性をテーマにしたものなど、全く興味がなかった。自分にも女性としての悩みがなかったわけではないが、そんなことを口にするのは「カッコ悪い」と思っていた。

だが、1999年から17年間働いたAERAでは、私が異動する1年ほど前から、女性の生き方や働き方をテーマとして熱心に取り上げていた。当時、私の一つ上の女性記者の先輩たちが4人も編集部に在籍していたこともあり、自分ごとのニュースとして、「専業主婦になった同世代の憂鬱」や「仕事と子育ての両立の悩み」などを巻頭で特集していた。

異動した当初はこんな私ごとがニュースになるのか、と懐疑的だったし、編集部内でも議論になっていた。従来のオーソドックスな政治や国際ニュース、経済や事件に比べ、それらは「生き方もの」などと呼ばれ、一部の編集部員からは、「こんな話はニュースではない」とストレートに批判されていた。ちょうどバブルが崩壊して10年、日本経済がどこに向かうのか迷走していた時代だった。

だが、私自身、何度か同世代の女性たちを取材するうちに、「これこそがニュースではないか」と思うようになっていった。国や企業が主語のニュースから、「私」がニュースの主語になる時代。国としての経済成長が止まり、みんなが共通した希望や夢を語れなくなり、「大きな物語」が語れなくなった時代だからこそ、個人個人の物語にこそ価値があるのではないか、と考えるようになった。ニュースは人の心の中にこそあるのだと。そしてその思いは今も続いている。

今回の財務省セクハラ事件で、私と同世代の女性たちが「実は自分もあの時こんな目に遭っていた」と語り出した。自分たちがなぜそれを黙って我慢してきたのかも。そしてそれに対する自己嫌悪や反省も。でもそのこと自体を責めるよりも、まずは過去を知って、そこから何か一歩でも前に進むヒントが見つかればと思う。セクハラに限らず。黙って働いてきた均等法世代の女性たちがどんな経験をしたのか。どんな思いで仕事を続けてきたのか。

決して「昔はもっと大変だったのだから、あなたたちは贅沢」と言うつもりはない。なぜなら、その言葉は私たち世代が上の世代から言われて、最も嫌だった言葉だから。総合職の女性は女性の中でも特別に恵まれた立場、男性化して働いている、と女性の上の世代から批判されたこともある。だからこそ、みんな黙ってきた。

でも、そろそろ話してもいいのではないかと思う。いつの時代だって大変なことはあるし、それは誰からも否定されるものではないから。

この30年で何が変わったのか。何が変わっていないのか。なぜ変わっていないのか。これから変えていけるのか。それを考えるためにも、すでに〝歴史〟になりつつある私たち世代の物語が、何かのヒントになればと思う。

　今働くことに悩んでいる後輩世代たちに少しでも参考になれば、その一つのケースとして、少しでも役に立てばと思っている。

働く女子と罪悪感
「こうあるべき」から離れたら、もっと仕事は楽しくなる

目次

第2章●女性初は得か損か

第3章●女性は管理職に向いているか

Working woman and sense of guilt

働く女子と罪悪感

No “must” or “supposed to” and you will enjoy your work more

「こうあるべき」から離れたら、
もっと仕事は楽しくなる

KEIKO HAMADA
浜田敬子
Business Insider Japan 統括編集長、AERA元編集長

集英社

第１章　ずっと逆風の中だった

夜中の電話

それは２０１６年2月のある木曜日の午後10時を過ぎた頃だった。校了間際のゲラを読んでいると、机上の電話が鳴った。相手は社長だった。

「ちょっと社長室に来られる？」

ＡＥＲＡ編集部の校了日は毎週木曜日と金曜日。特に木曜日は特集ページのほとんどを校了するため、深夜0時を回る頃まで作業が続く。当然、その時間に私が机に張り付いて校了作業をしているだろう、とわかってかけてきたのだろう。

２００4年に副編集長になって以来、毎週木曜と金曜の夜は「ない」ものだった。他の曜日も自宅で子どもとご飯を食べることは諦めていたが、この両曜日はそれどころか、仕事上の会食を入れたり、イベントに参加したりすることもできない日。木曜と金曜の夜は自分にはないものと諦めて、12年が経っていた。

嫌な予感がした。こんな時間に社長がまだ会社にいるなんて、何事？　そんな時間に直接電話がかかってくるのは、何か「よくない」ことに違いない。「よくない」とは、校了する原稿に何か問題があったのか。であれば、先にコンプライアンスの担当者か直属の上司である雑誌担当役員から電話がかかってくるはずだ。では、すでに発行された号に何か問題があって、外から抗議を受けているのだろうか。

週刊誌の編集長の仕事の一つは、記事に対する抗議への対処である。記事は「いいこと」ばかりを書くわけではない。企業や政治家、経営者などへの批判記事もある。抗議は電話やメールだけでなく、突然、内容証明郵便が送られてくることもあれば、本社である朝日新聞社の広報に持ち込まれることもある。抗議が来た場合、どう対処するのか。そうした「危機管理」は編集長の大きな仕事でもあった。

だいたいこんな夜遅くに、しかも社長から直接電話が来るなんて、いいことであるはずがない。電気が消された廊下を社長室まで歩きながら、どの記事だろうと頭を巡らせていた。

途中、ふと「もしかしたら」と思ったのは、2月という時期を思い出したからだった。朝日新聞出版の親会社である朝日新聞社では、通常4月1日に大規模な異動がある。当事者への内示が出るのは2月中旬過ぎてからだ。

「もしかして、私の異動？」

ＡＥＲＡの編集長になって2年になろうとしていた。4月以降の企画もすでに複数走らせていた。

これまでＡＥＲＡの歴代の編集長は短ければ1年弱、通常は2〜3年で交代していた。過去「ミスター・アエラ」と言われた編集長も、部数が好調のうちに3年で交代していた。「なぜ部数が好調なのに？」と尋ねた時、彼は「週刊誌の編集長は2〜3年が潮時。体力的にも精神的にもそれぐらいで交代しないと持たない」と話していた。

私も長くて3年かなとは思っていた。

入社前から希望していたＡＥＲＡ編集部に異動したのが１９９９年。以来、記者を6年間、途中10カ月の育児休業を挟んで副編集長を9年間、編集長代理を経て編集長に就任したのが２０１４年。

私がＡＥＲＡにいた時期は、出版市場がシュリンクしてきた時期と重なる。２０００年に2兆５０００億円だった出版界全体の売り上げは、２０１４年には1兆５０００億円にまでなっていた。中でも雑誌は、スマホでさまざまなコンテンツが無料で読めるようになった影響をまともに受け、苦戦していた。

ＡＥＲＡも例外ではなかった。私がＡＥＲＡに異動した年には20万部弱だった部数は、編集長を引き受ける頃には8万部を切っていた。歴代編集長時代、私も記者として、また副編集長として、どんな企画をすれば部数が伸びるのか、そればかり考えていた。

編集長をやれ、と言われた時、最大のミッションは部数を底打ちさせることだった。Ｖ字回復させる、と宣言できればよかったが、それはさまざまな環境を見て現実的ではなかった。毎年数%ずつ減っていた部数がこれ以上ズルズル減るのを止めること。そして反転のきっかけをつかむこと。それが私に課された仕事だった。

2年間さまざまな手を打ち、黒字は確保していたが、部数を反転させるまでには至らなかった。

社長室に向かいながら、まだ何かできることはあるはず。デジタル化の波に押されて、うまくその波に乗れなかった反省から、なんとかしなくては。あと半年はやりたい。やらせてほしい。

午後10時を過ぎて、照明が落とされた廊下を歩きながらそんなことを考えていると、「話は異動のことに違いない」という確信に変わっていた。

社長から切り出されたのは、やはり私の異動についてだった。社長室までの数分で「もしかして」が「きっとそうだ」に変わっていたので、自分でも不思議なほど動揺はしなかった。それよりも後任の編集長人事と、なぜ自分がこの時期に異動になったのかが気になった。

異動先は朝日新聞本社の「総合プロデュース室」。そのプロデューサー職だという。聞きなれない名前だった。

そこから社長が、1月の親会社の取締役会で新しく設置が決まった組織であること、新聞社の既存のビジネスモデルが厳しくなる中で新しいビジネスを模索する部署であること、などを説明したが、ぼんやりとしてあまり頭に入ってこなかった。

頭を占めていたのは、「ああ、ＡＥＲＡの生活が終わってしまったな」ということだけだった。17年間、毎週毎週当たり前のようにあった締め切りがなくなってしまうことが想像もつかなかった。

４月以降に考えていたあの企画、どうしようかな。創刊以来、ずっと表紙を撮ってくださっていたカメラマンの坂田栄一郎さんに代わり、４月から蜷川実花さんに撮影をお願いしていた。半年かけて仕込んでいた表紙のリニューアルなのに……。

そんなことをぼんやりと考えていた。

「君の将来を考えたら、この時期に本社に部長職で戻れるのは良かった」「ずっとＡＥＲＡを支えてきてくれて、この先どういう仕事を、と思っていたから、いい話だと思う」

社長はそんな話をずっとしていたように思う。

ＡＥＲＡが終わったら私が会社を辞める、という選択肢は全然考えてないんだな、と思いながら聞いていた。

後日、直属の上司からも「本社の部長級で戻れるんだぞ」と言われた。男性ってこういう発想をするんだ。何の仕事をするのか、ということよりも、やっぱりポジションが大事なんだ。新鮮な驚きだった。

会社員であれば、いつかは異動になる。だが、それが自分に現実として訪れることも具体的に想像できなかったし、ＡＥＲＡが終わった後のキャリアなんて考えたこともなかった。朝日新聞社で働くこと、それは私にとってＡＥＲＡを作ることだった。どんなにいろいろなチャレンジをしていても、会社の事情で終わりはあっけなくやってくる。

これからどうしよう。それが正直な気持ちだった。

車内広告中止の決断

編集長という仕事が終わった後もありがたいことに、いろいろな企業や自治体から講演に呼ばれた。テーマは女性の働き方だったり、働き方改革についてだったり。中にはＡＥＲＡの編集長時代の仕事について話してほしい、と言われることもあった。ある時、不祥事があった企業から、社員がモチベーションを取り戻すような話をしてほしい、と頼まれた。その時私が選んだテーマは「逆風の中の戦い方」というものだった。

長く続く出版不況という大きな逆風だけでなく、その時々、小さな逆風や突風にも晒され続けた2年間だった。

編集長就任時に課された部数維持、もしくは黒字化の死守。部数増がすぐに望めないなら、コストをカットすることで黒字を何とか死守せよ、ということを上司からは言われていた。

最初の逆風は宣伝費のカットだった。ＡＥＲＡは毎週月曜日発売のため、月曜日に朝日新聞の朝刊と首都圏の主要な地下鉄に中吊り広告と言われる車内広告を打っていた。電車という不特定多数の人の目に触れる場所での宣伝効果は大きい。読者は、新聞広告や車内広告でその週の記事のラインナップを見て、週刊誌を買うかどうか決めてくれるからだ。半面、中吊り広告費は非常に重いコストだった。定期購読をしてくれている読者以外は、広告のタイトルによって購買意欲を掻き立てられる。編集長の大きな仕事は、この広告のキャッチ、タイトルを考えることでもあった。

「ＡＥＲＡといえば、ダジャレですよね。あれは誰が作っているんですか」

などと、外部の人から聞かれることもしばしばあった。ＡＥＲＡは創刊からしばらくして、その時々のニュースをもじった１行コピーを広告に載せていた。

「ピチピチしゃぶしゃぶランランラン」（大蔵省〈現・財務省〉のノーパンしゃぶしゃぶ事件、１９９８年）

「カレーやないでハヤシやで」（和歌山カレー毒物混入事件、１９９８年）

「紅白うたがってん」（ＮＨＫの紅白歌合戦をめぐる不祥事、２００５年）

など、今でも私も覚えている〝名作〟は多い。５〜６人いる副編集長の中からその時一番〝オヤジ度〟の高い人が、毎週頭を悩ませながら作っていた。必ずその週に掲載されているニュースからお題を選び、さらに風刺やダジャレを効かせるという難易度の高いもので、担当者は毎週締め切りまでに３〜４本候補を作り、その中から最終的には編集長が選ぶ、という流れになっていた。歴代担当者からは、できない時には胃がキリキリ痛む、ずっとブツブツ呟いているという苦労話も聞いていた。その苦労もあって「ＡＥＲＡといえばあのコピー」と、普段ＡＥＲＡを読んでいない人でも知っているほど定着していた。コピーがそれだけ浸透していたのは、電車の中吊り広告の影響だったと思う。ＡＥＲＡを読んだことのない人もあのコピーだけは知っているという人も多い。満員の通勤電車で朝から不快な思いになりがちな中、クスッと笑ってもらう。そんな思いも編集部として込めていた。

その中吊り広告がなくなる、ということは、ＡＥＲＡという媒体を広く知ってもらう大きな機会を失うことになる。その週の内容を知らせる機会も失えば、当然、部数にも大きく影響する。ＡＥＲＡの読者の過半数は首都圏のビジネスパーソンだ。通勤時に目にする中吊り広告は、そうした人たちへの訴求効果が大きい。普段はＡＥＲＡを買う習慣がなくても中吊り広告で内容が気になれば、買ってもらえる可能性もある。中吊り広告をやめれば、朝日新聞の読者以外に、その週の内容をどうやって伝えればいいのか。

中吊り広告をやめるように上司から言われた時、最初は抵抗した。ますます部数減に歯止めが利かなくなるのではないか、と。

だが、結果的に私は、中吊り広告を全面的にやめる、という選択を呑まざるを得なかった。その選択をしなければ、別の部分（人件費や原稿料）のコストに手をつけなければならないほど、状況は追い詰められていた。今すぐに部数や広告費をＶ字回復させる魔法の策がない限りは、まずはコストカットをするしかなかった。

守る前に攻める

編集長就任直後のこの経験は、私の仕事の進め方に大きな影響を与えた。何もしなければ、どんどんコストカットをして黒字を確保するしかない。宣伝費の次は、原稿料、人件費に手をつけざるを得なくなるだろう。でも、それで本当にいいのだろうか。そんな〝守り〟のマネジメントを続けることは、楽しいだろうか。編集部員たちは、やりがいを感じてくれるだろうか。そもそも雑誌は面白くなるだろうか。

とはいえ、ヒット企画はなかなか狙って出るものではない。しかも継続的にヒットを生むことは至難の業だ。であれば、何をすべきだろう。とにかく「これは」と思った小さなチャレンジを続けてみるしかない。その中からもしかしたらヒット企画の鉱脈が見つかったり、今後の収益増につながる小さな芽があったりするかもしれない。あの宣伝費カットという決断をせざるを得なかった経験から、会社から何かを求められる前にこちらから打って出る、つまり守る前に攻める、と決めた。

編集部員たちにも、ＡＥＲＡが魅力的なメディアとして生き残るために、とにかく「やれることは全部やってみよう」と伝えた。紙媒体の苦境は変わらないにしても、小さいトライを続けることでどこかに突破口があるのではないか。編集部員に言いながら、自分に言い聞かせていた。

最初のチャレンジは、雑誌の作り方を根本的に変えることだった。週刊誌というメディアは「週刊朝日」でも「週刊文春」でも〝いろいろなニュース〟がバランスよく詰め込まれている。

AERAもトップの特集が「働き方」に関することだったら、第2特集には政治や国際、経済ニュースを入れ、さらには子どもがいる人向けに子育てや教育の記事も入れ、その週に起きた事件や芸能ニュース、スポーツまでフォローする。誰が読んでも1週間に何が起きたのかをざっくり把握できる、〝全方位〟的な作りになっていた。私も長くAERAの副編集長を務めていた時期には、その〝配分〟に気を配っていた。「今週は女性向けの記事が少ないから、何か1本作らなくては」。誰が読んでも〝ハズレがない〟絶妙なバランスのパッケージを目指していた。

その作り方を大きく変えた。大特集主義と言われるように、一つの特集で20ページ以上の記事を作るようにしたのだ。

例えば、特集の大きなテーマが「結婚」だったとする。結婚とひと口で言っても、結婚をどう捉えるか。ここが編集者たちの知恵の絞りどころだ。よく企画力と言うが、この〝ある事象をどう見るか〟、私たちはそれを「切り口」とか「視点」と呼び、そこが時代の空気にぴったりとはまるかどうかで、ほぼその特集は成功するかどうか決まると言っていい。

私が編集部でよく言っていたのは、「半歩先の空気を読んで」ということだった。一歩先では早すぎて、企画を作っても空振りする。〝半歩先〟というのは、読者の心の中、潜在意識としてはあるけれど、それがうまく可視化されていない、言語化できていない状態だ。それを他のメディアよりも早く企画として出せた場合、「あ、こういうことってあるよね」「なんとなく感じていたことはこういうことだったんだ」と読者が腹落ちし、共感し、時には怒ったり、神経を逆撫でされたりして感情が揺さぶられ、「読んでみよう」と思ってくれる。そう確信していた。逆に言えば、そこまで感情が揺さぶられないと、無料のニュースや情報が溢れている中で、わざわざお金を出して書店やコンビニに行って買ってくれることが難しい時代になっているとも思っていた。

この特集の「切り口」、ここにその号の売り上げの全てがかかっていると言ってもよかった。

結婚の特集の時には、未婚化、晩婚化が進む原因は「経済的理由」と言われるが、本当にそれだけだろうか、という疑問から出発した。ＡＥＲＡの読者層の中には、経済的にむしろ余裕があっても結婚していないという人たちがいた。彼ら彼女らがなぜ結婚という選択をしないのか、それをテーマにする。特集の大きな方向性を決めた後は、具体的に記事のラインナップを決めていく。毎回一つの特集で10本ほど。

一番大きな記事は、経済的に余裕がある未婚者を実際に取材したルポ、続く記事にはこうした現象を分析した社会学者や識者の座談会、未婚化が進むことによる社会への影響というマクロ経済的なアプローチ……というように、一つの事象を立体的に浮き上がらせるために、「結婚」「未婚化」ということから派生するさらに細かい「切り口」を３６０度から捉えるように発想していく。さらに、同じトーンの記事が続くと単調になり、読者が飽きてしまうので、ルポやインタビュー、グラビアなどを織り交ぜるなど〝見せ方〟も工夫する。この切り口や見せ方を考えるために、担当の副編集長と担当記者は何度もブレスト（ブレインストーミング）を繰り返す。

ちなみにこの時の特集の全体のタイトルは「結婚はコスパが悪い」。特集で取材したある40代の女性が、

「恋愛や結婚は成果が不確かで、コスパが悪いものに思える」

と話していた台詞《せりふ》からとった。

この言葉は衝撃だった。結婚とコスパ、という想像もしていなかった二つの言葉が結びついたから。こういう感覚で結婚を捉えているんだ、と新鮮だった。

私は「答えは読者が持っている」とも思っている。記者や編集者が頭の中で考えられることはタカが知れている。往々にして、私たち以上に読者や取材者の方が半歩進んでいることがある。私たちの仕事はその潜在意識を取材で引き出し、言語化したり、翻訳したりすることだ。

ちなみに、このタイトルはその後、ＴＢＳ系の日曜劇場、上野樹理、香取慎吾主演「家族のカタチ」のキャッチフレーズにも使われた。ということは、きっとこのフレーズにピンときた制作陣がいたのだと思う。時代の空気感を半歩先でうまくキャッチできると、ほうっておいてもその号の内容はツイッターやフェイスブックで共有され広まっていく。宣

伝費をかけなくても自然と。理想的な形だ。

いろんな記事がバランスよく入っている作りから、大特集主義へ。これはＡＥＲＡ創刊以来の大きな改革だった。私がこの大特集主義に舵を切ったのにはいくつか理由がある。

先に述べたように、無料のコンテンツ（しかも面白いもの）が世の中に溢れている時に、どうしたら４００円近いお金をわざわざ払ってもらえるかと考えたことがその一つ。

個人的には２０１３年に、スマホの普及と首都圏の地下鉄でネットが通じるようになったことが、紙媒体にとって大きな転換になったと思っている。

それまでそれでもチラホラ電車内で見かけていた新聞や漫画、週刊誌を広げていた人が一気にいなくなった。ネットが通じなかったから、紙を読むしかなかった空間にもネット情報は容赦なく入り込んできた。私たち紙の雑誌の競合は他のニュース週刊誌だったのが、ヤフーニュースやスマートニュースだけでなく、ユーチューブやツイッター、フェイスブックになったのだ。一人の読者の時間は限られる。よっぽどその人にとって必要で読みたいものでないと買ってもらえない。そのためには保存しておきたい、立ち読みでは済まされない、と思われるほど一つのテーマでボリュームと深さを追求しなくては。それが大特集主義に舵を切った理由だった。

記憶に残るものを作る

その決断にはある人からのひと言が大きく影響していた。

副編集長時代、作詞家の秋元康さんと放送作家の鈴木おさむさんの対談本『天職』を作った。秋元さんの本を作れる、となった時に、私は勇んでA4判で5枚ほどの企画書を持参した。せっかく秋元さんと本が作れるのだから、こんなことも、あんなこともしたい、と思いつく限りの企画を盛り込んだ。秋元さんがその企画書に目を通していた時間は1分もあっただろうか。パラパラと目を通して、おもむろにこう言われた。

「浜田さん、記憶に残っている幕の内弁当ってある？」

幕の内弁当には、ご飯と様々なおかずが少しずつ入っている。肉もあれば魚も。野菜もあれば卵もある。でも、幕の内弁当が名物です、という地域や店はあまり聞いたことがない。まさに従来の週刊誌の作り方は幕の内弁当方式だった。

秋元さんは、こう続けた。

「一点突破でないと、記憶には残らないんだよ」

『天職』
（秋元康／鈴木おさむ　朝日新書　2013年刊）

記憶に残るものを作る――万人受けはしないかもしれないけど、誰かの記憶に残るものを作る、ということはその後、私の大きな方針になった。毎週毎週、記憶に残る特集を作り続けるハードルの高さも自覚していた。だが、それをやるしか生き残る道はないとも感じていた。

もう一つ、この大特集主義に方針転換をした大きな理由があった。

私が編集長時代、ＡＥＲＡ編集部には30人ほどの編集部員が在籍していた。うち女性が20人前後、さらにそのうちの10人ほどはワーキングマザーだった。毎週深夜の締め切りがある週刊誌の制作という職場で、これほどワーキングマザーがいる編集部は当時珍しかったと思う。彼女たちが働きやすい、結果を出しやすい環境を作らなければ、雑誌そのものが作れない状況だった。

ワーキングマザーにとって、一番困ることは先々の予定が立たない、予定がコロコロ変わる、ということだ。急な出張、夜の仕事などは非常に負担が大きい。しかし、ニュースを追い続けていれば、突然夜に記者会見が入ることもある。地方で事件が起きれば、突然の出張もありえる。

実際、私も記者時代は着の身着のまま地方に事件取材に行き、現地で下着や洋服を調達する、ということもあった。子どもがいたら出張は極力日帰り、泊まりを伴う時には早めに夫やシッター、親との調整をしてやっと、という感じだ。かといって、ワーキングマザーだけを突発的な取材、出張から免除すれば、独身や子どものいない記者への負担は重くなる。

現実として、今いる編集部員の陣容で何ができるのか、を考えた結果、その週に起きたニュースを追いかけることを必要最小限にするしかないとも思った。それはニュース週刊誌を標榜しているメディアとしてはどうなのか、という意見は社内にもあったが、すでにネットニュースが台頭してきていたこともあり、数日後に読む最新ニュースよりも、より時間をかけた深掘りの記事にシフトする方が〝勝ち目〟はあると考えた。何より、編集部員全員が健康に楽しく働き続けられる、その体制を作ることが必要だった。

だが、大特集主義への移行は当初、社内、特に販売担当の部署からの猛反発に遭った。

AERAは朝日新聞社の子会社が発行する媒体とあって、もともと朝日新聞の読者が定期購読をしてくれている割合も大きい。販売の担当者の懸念は、大特集主義にすれば、定期購読してくれている読者が離れていくのでは、というものだった。毎週〝幕の内弁当〟方式で作っていれば、自分に関連のある記事、自分が興味のある記事が必ずいくつかは載っている。だが、大特集にすれば、明らかに自分に関心のないテーマの時も出てくるだろう。

例えば、先の結婚特集の場合は、すでに結婚している人にとっては20ページもの特集が関係のない記事になるかもしれない。毎号毎号の当たり外れが大きくなれば当然、読者の満足度は減り、定期購読をやめる読者も出てくる。販売担当者の主張ももっともだった。

影響を受けるのは、定期購読だけではない。書店やコンビニの売り上げも、特集の内容によって大きく上下する。特集の内容が当たれば大きいが、外すと一気にその号の売り上げが落ち込む。

大特集主義への転換は大きな賭けだった。だが、それまでと同じことをやっているだけでは、徐々に部数が減っていくことは目に見えていた。何か新機軸を打ち出さないと生き残れない。何もしない方がリスクは大きい。失敗したら、私が責任を取ればいい。最後はそう覚悟を決めて大きく方針を変えた。「ＡＥＲＡのこの号は買いたい」。あとは、そう思ってもらえるような特集を1号でも多く作るしかなかった。

結果として部数は回復しなかった。かといって、それまで徐々に落ち込んでいくスピードに拍車がかかったわけでもなかった。

一方で、私たちが予想もしていなかった反響はあった。例えば、いくつかの書店がバックナンバーフェアを展開してくれた。それまで週刊誌といえば、翌週になれば書店の棚からは撤去されていた。１週間の賞味期限しかなかったものが、大特集主義に切り替えてからは、過去半年ぐらいの号をキープしてくれる書店も出てきた。何より販売部署の若い担当者たちが、いろいろな企画を考えてくれるようになった。

池袋にある大型書店・ジュンク堂書店は、雑誌売り場の担当者が半年分のＡＥＲＡを壁いっぱいに並べて、バックナンバーフェアを企画してくれた。関ジャニ∞が表紙の関西特集号では、大阪・梅田の紀伊國屋書店が平台いっぱいにＡＥＲＡを並べてくれ、関西のラジオにも、編集長として呼ばれて、「なぜ関西特集を組んだのか」と企画意図を話す機会をいただいた。何かを仕掛ければ、少なくとも必ず応えてくれる人はいた。

合併号もあるので、１年に作る週刊誌は50冊ほど。２年の間に考えた大特集はちょうど１００冊になる。特別思い入れのある号の中でも、「これは」と思っている号がある。２０１５年９月に出した憲法を特集した号。通常の大特集は、雑誌の巻頭から真ん中にあるカラーページ前までの22〜23ページを使っていたが、憲法の特集号は丸ごと１冊、憲法をテーマにした。表紙はＡＥＲＡ定番の人物のポートレートではなく、日本国憲法の前文を掲載した。

第２次安倍政権になり、憲法改正が現実の政治課題になり始めていた。ちょうどその時に安全保障関連法案が国会で審議され、集団的自衛権と憲法の関係も議論されていた。雑誌の特集のテーマとして、安保法制も憲法も沖縄の基地問題も大事な問題だとわかっていたが、こうした硬派なテーマを大きく扱うと、雑誌は「売れない」という現実があり、思い切って特集のテーマにすることを躊躇っていた。

17年間ＡＥＲＡを作ってきたが、どんどん読者の

「ＡＥＲＡ」（２０１５年９月19日発売）

興味や関心が〝自分の半径5メートル〟的なものになってきていた。どんなに大事なテーマだとわかっていても、大上段に論を振りかざすと、なかなか読んでもらえない。日本国憲法の特集では、9条ばかり論じられがちな憲法論議において、なるべく多くの条文を取り上げ、それが今の私たちの生活にどう関わっているかを浮き彫りにすることを目指した。

大特集を作る要となるのが5人いる副編集長たちだ。大特集のテーマが決まれば担当の副編集長を決めて、その下に3～4人の中心となる編集部員をつける。それぞれの部員からもアイデアを出してもらうが、ラインナップを面白くできるか否かの鍵は副編集長の力量にかかっていると言ってもいい。どれだけ企画の〝振れ幅〟の大きい特集を作れるか。意外性のある切り口を考えつくか。同じ味付けで何度も食べさせられると飽きてしまうように、同じ方向からのアプローチばかりを繰り返されると、読者は辟易《へきえき》してしまう。

長年、政治部、経済部といった新聞の縦割り組織で経験を積んだ記者や副編集長は、多面的な切り口を考えることに苦労していたようだ。一方、興味・関心の幅の広い副編集長が担当すると、私が思いもつかないような斬新な企画が上がってきた。

取材していい記事を書くということと、「売れる」「商品になる」企画を考えることは、また別の能力を要する。むしろ政治や経済、暮らし、働き方といったジャンルを軽々飛び越えて、一見関係ない事象を結び付けられる能力、それを「時代の編集力」と私は呼んでいたが、それができるようになるには、毎週毎週違うテーマを振られる週刊誌という現場が格好の職場だと思っている。自然と自分の振れ幅が大きくなる。

それでも長年同じ仕事をしていると、「ニュース週刊誌とはこういうもの」「ＡＥＲＡ的にはこういう切り口で」という狭い枠内での発想になってしまう。さらに、毎週売り上げを問われる現場。どうしても前にやった特集がこのぐらい売れたから、という発想になりがちだ。

編集長になった時に、過去2年のＡＥＲＡの目次と実売率の数字の一覧表を作った。何の要素が入れば、どのぐらい売り上げが伸びるのかは頭に叩き込まれていた。ＡＥＲＡの場合、最も数字を左右するものは表紙だった。嵐や福山雅治、東方神起、羽生結弦など多くのファンを持つスターが表紙に登場すれば、部数は跳ね上がった。表紙担当者たちは、なんとかそういうスターを1回でも多く登場させようと、マネジャーや事務所と神経をすり減らすような交渉を粘り強く続けていた。

ニュース週刊誌は、大きな事件や事故が起きた時も部数が跳ね上がる。例えば、２００１年9月11日の米同時多発テロ事件、２０１１年3月11日の東日本大震災など、ニュース番組に釘付けとなるようなことが起きると、自分たちが体験していることは一体何なのだ、という気持ち、それを理解したいという気持ちが起きるからか、ニュース週刊誌は売れる。だから勝負は事故も事件もない場合。こうした〝平時の特集〞が編集者の腕の見せ所だった。

ＡＥＲＡの発売は通常月曜日だ。週の立ち上がりだから少しでも早く編集部に行きたいのに、私は編集長の間、月曜の朝になるとなかなかトイレから出られなくなった。早く行きたいと気持ちばかり焦るのだが、毎週のようにお腹の調子を壊してしまうのだ。学校に行く時間になるとお腹が痛くなる子どもって絶対に仮病じゃないなあ。編集部に行きたくないわけではない。むしろ仕事が溜まっているので、9時半から始まるデスク会の30分前には到着したいのに……。

この時期、私の一番のストレスは部数だった。

当時、5分おきに更新される大手書店の紀伊國屋書店の全国にある店舗から上がってくるＰＯＳデータを見ていた。月曜のお昼頃に恐る恐るそのページにアクセスする。その時の数字を見れば、その週の実売率がだいたいわかった。自信のある週は早くその数字を見たくてたまらず、ない週は本当に見るのが怖かった。意外と健闘していたりすると、嬉しくなって一日に何度も見てしまう。爆発的に売れていれば、なおさらだ。

逆に思ったほど売れていないと、胃のあたりがズシンと重くなり、一気に食欲までなくなった。早くこの週が終わらないかな、そんなことを考えた。毎週の数字に一喜一憂せずに、1年間のトータルで黒字にすればいいんだ、と言い聞かせても、1号でも悪い数字が出ると、これを挽回するにはどうしたらいいのかと考えて、その1週間は憂鬱な気持ちが続いた。

トップになれば、数字の責任を負わなければならないのは当然。だが、どんどん雑誌というマーケットが縮小する中で、それでも売り上げを反転させなければならない、というプレッシャーは、自分が思っていた以上にきつかったのだと思う。月曜の朝のトイレでの不調は、編集長を辞めたらぱったりなくなった（ただ、今の仕事に就くと、また戻ったのだが……）。

「いつものＡＥＲＡ」を疑え

当時、私が繰り返し自分に言い聞かせていたのは、とにかく「やれることは何でも挑戦する」。週末になると近所のスタバに行き、先々の企画を考えた。だが、さすがに自分たちの頭の中だけで考えていては、どうしてもＡＥＲＡという枠にとらわれてしまう。

私に大特集主義へ切り替えるきっかけを作ってくれたのは、先にも述べたように秋元康さんだった。今、大企業ではしきりと「オープンイノベーション」という言葉が一種の流行のように言われている。外部の人脈、知恵を入れて、イノベーションを起こそう、むしろ外部の人間と組まなければイノベーションは起きない。長い間、自社に最適化した仕事の進め方や発想をしてきた結果、日本企業は「何も新しいものを生み出せなくなってしまった」という危機感から、「オープンイノベーション」ばやりだ。

もちろん当時、そんな言葉は知らなかったし、私がやったことはそんな大それたものではない。それでも編集部以外の知恵に頼る、ということは、直感的にアリ、だと思った。それもこれまでにない方法で。

考えたのが、編集部以外の人に１号限りの「特別編集長」を務めてもらうことだった。それも超一流と言われる、プロデューサーやクリエイターの方たちに。単に名前だけ借りるのではない。特集のテーマ決めから表紙の人選、デザインや原稿の中身まで〝完全コミット〟してもらおうと思ったのだ。

最初にお願いしたのは、秋元さんだった。書籍の仕事をしている時に、秋元さんから何度もダメ出しをされた。それによって、いかに自分が従来の発想から抜け出せていないか、思い込みで仕事をしているかに気付かされた。特別編集長号をやるなら、徹底的にメディアとは何か、紙の雑誌はどこまで、何ができるのか、突き詰めてみたかった。

後になって、「どうやって秋元さんに頼んだのですか」「プロデューサー料としていくら払ったのですか」とよく聞かれた。

でも私がやったことは、手紙を書いただけだ。紙の雑誌の厳しい状況、それでもまだ可能性があると思っていること。どこまで、何ができるか、従来の手法にとらわれず挑戦してみたいと思っていて、そのためにぜひ力を貸してほしい、と万年筆で書いた。もう一つお願いしたのは、私だけでなく、ＡＥＲＡの編集部員に秋元さんと一緒に仕事をして学ぶ機会をください、ということだった。

最近は「紙の手紙で仕事を依頼してきた人の仕事なんか、絶対受けていない」という若手の書き手もいるが、私はまだ「ここぞ」というときは手書き派だ。古いと言われるかもしれないが、それが一番自分の考えていることが伝わる、と思っている。この特別編集長号は秋元さんの後、スタジオジブリのプロデューサーである鈴木敏夫さん、放送作家の小山薫堂さん、作家の佐藤優さんにお願いしたが、いつも最初は手紙を出すことから始まった。

お金も通常の原稿料程度しか払っていない。それでも秋元さんは10月から3カ月間、毎週金曜日の夕方、ＡＥＲＡの編集部員とのブレストに時間をとってくれただけでなく、自ら対談のホストなどを務めてくれた。

秋元さんから言われたことは、ただ一つ。秋元さんが出したお題に即「無理です」と言わない、ということだった。

例えば、これまで取材を受けてもらえなかった人を登場させようとすると、申し込む前から「あ、その人は難しいです。これまでも何度も申し込んでも無理だったので」とすぐに言いがちだ。企画のテーマについても、「それはすでに他誌でやっているから」「過去にやって売れなかったから」と、「難しい」「できない」ことの言い訳ばかり探すようになり、結局、それが雑誌の振れ幅をどんどん小さくしてしまう。自分たちで自分たちを縛り、「いつものＡＥＲＡ」から脱することができない。秋元さんからはまずは「いつものＡＥＲＡ」を疑うことを教えられた。

この秋元編集長号は２０１４年1月4日に発売、いろいろな意味で反響が大きく、新聞やスポーツ紙などでも取り上げられた。部数も通常の１・５倍ほど売れた。一番話題になった企画は、実は私たちが想定していたものではなかった。

秋元さんからはこの特別編集長号を始めるにあたり、「今、自分が一番面白いと思っているのはリリー・フランキーさんだから、リリーさんとの企画を何か考えて」と言われていた。読者からの人生相談、という企画を考えたのだが、秋元さんからは「インパクトが少ない」。最終的に同じ相談でも編集部員自らがセックスに関する相談をリリーさんにする、という企画になった。

で、結果は。この特別編集長号は、毎日新聞や東京新聞でも有識者たちから「画期的な取り組み」とお褒めの言葉をいただいたのだが、中でもこのリリー企画が絶賛された。あのお堅いＡＥＲＡがここまでやるか！　と。ＡＥＲＡというとバリバリ働く女性たちが読んでいる雑誌、というイメージを持っていたおじさん読者には、このリリー企画は仰天だったようだ。この企画は編集部員だけだったら絶対にできなかったと思う。自分のセックスの悩みを誌面に晒すなんて……。ＡＥＲＡでは夫婦のセックスレス問題なども特集で取り上げてきていたが、それでも躊躇する内容だった。結果的にリリーさんのアドバイスがあまりにも爆笑もので、下品さを感じさせない内容になった。

さらにこの秋元号で、私たちが想像もできないことがあった。

始まりは「（大島）優子と俺、対談するよ」という秋元さんの一言。「これは、もしかしたらＡＥＲＡで優子ちゃんの〝（ＡＫＢ48からの）卒業宣言〟の独占インタビューか！」と舞い上がってしまった。実際の対談はホテルのバーで。カメラマンのみを残して、私たち編集部員も姿を見せないよう、陰で見守った。だが、卒業のひと言は出て来ずに対談は終わった。「秋元さんは何を優子さんと話したかったんだろう」。わからないままだった。

秋元号が校了したのが12月27日。私は年末年始の休みで海外旅行に出かけていた。すると31日の夜、立て続けに電話やメールが入ってきた。ＡＥＲＡ編集部からだった。

「大変です、紅白歌合戦で大島優子さんが卒業宣言しました！」

「スポーツ紙の知り合いの記者からも、年明けに出るＡＥＲＡに優子さんの独占インタビューが載っているのでは、と問い合わせが入っています」

わー、秋元さんが考えていたことは、これだったんだ。世間をアッと言わせるためには、身内さえも騙す。対談は12月15日。その時はひと言も「卒業」には触れず、そこから紅白での卒業宣言を仕込んだんだ……。これぞプロデューサー。秋元号を書店で宣伝するために対談時に撮っていた秋元さんと大島優子さんのツーショットのポスターは、優子卒業ショックで大人気に。盗まれるところまであった。

朝日新聞社を退社した時に、秋元さんがお祝いのご飯会を開いてくれた。その時に思い切って聞けなかったことを聞いてみた。

「秋元さん、本当にすごいですよね。12月15日の対談から、紅白の卒業宣言を仕組んで、ＡＥＲＡの宣伝につなげたんですね」

「ＡＥＲＡ」（２０１４年１月４日発売／秋元康特別編集長）

秋元さんは呆れたような顔で私を見て言った。

「そんなわけないだろ。できるわけないよ。もっと前からいろいろ考えていたこと。対談もそのうちだよ」

二度目の「やられた！」だった。

支えとなった糸井重里さんの言葉

外部とのコラボレーションは特別編集長号だけではなかった。いくつかの他の媒体、特にネットメディアとのコラボを積極的に進めた。

ある時、コルクというクリエーターのエージェントを立ち上げた佐渡島庸平さんにこう言われた。

「ＡＥＲＡって、ネット上での存在感が薄いですよね」

『ドラゴン桜』や『宇宙兄弟』などの編集者として知られ、出版業界を変えるフロントランナーから言われたストレートな一言は堪《こた》えた。

だが、事実だった。当時、朝日新聞出版内には「dot.」というサイトはあったが、ＡＥＲＡ独自のオンライン版はなかった。読者層から考えても、早く「ＡＥＲＡオンライン版」を立ち上げた方がいいのはわかっていたが、いろいろな社内事情があり、それができずじまいだった。他の経済メディアは次々とオンライン版を立ち上げ、中でも東洋経済オンラインは、その後ニューズピックスの編集長（現在はＣＣＯ）となる佐々木紀彦さんがリニューアルし、読者層もぐっと若返り、ＡＥＲＡとかぶる内容も多くなっていた。

ＡＥＲＡのような時事性の高いニュースを扱うメディアは、いずれオンラインが主戦場になると思っていた。ニュースとデジタルの親和性は高い。むしろデジタルで存在感を示さなければ、この世の中に「ない」のも同然だという焦りがあった。「ＡＥＲＡも早くオンライン版を」。ずっと思っていたことを、ズバッと佐渡島さんに指摘されたのだ。

とはいえ、ゼロからオンライン版を立ち上げるには、お金も人員も時間も必要だ。当時編集部にはそんな余力はなかった。であれば、と考えたのが、他のネットメディアとのコラボレーションだった。

最初のネットメディアとのコラボは「ほぼ日（ほぼ日刊イトイ新聞）」。「POWER FORTY」という40歳をテーマにした特集を組んだ時、糸井重里さんにインタビューをしたところ、糸井さんは自身の40代について、「暗いトンネルに入ったみたいでつらかった」と悩み続けた40代を率直に語ってくれた。これが多くの読者、特に元ＬＩＮＥ役員、現在スタートゥデイ・コミュニケーションデザイン室長の田端信太郎さんなど、男性のビジネスリーダーたちの共感を呼び、ツイッターなどで次々とシェアされた。

超売れっ子だった糸井さんが、「ほぼ日」を作り出すまでにこんなに真っ暗闇の中にいたとは。「あの糸井さんにもこんな時期があったなんて」というコメントが目立った。通常、紙の雑誌の記事がネット上でバズることは珍しい。それほどインパクトのある内容だった。

私も非常に胸を打たれた。自身がちょうど編集長になって2カ月ほど経った頃だった。「やれることは何でも挑戦してみる」と宣言したものの、すぐに結果が出るわけでもない。もがいている時に、糸井さんのインタビューには少し救われた。後述するが、糸井さんにはもう一度同じ40歳をテーマに取材した。その時に糸井さんが言った「ゼロになって、ちゃんともがく」、この言葉はAERA編集長時代も、今の新しいメディアを立ち上げる時も大きい支えになっている。

糸井さんのインタビューの反響に、私が思いついたのは、「これを本にしたらどうか」ということだった。私自身がその内容に非常に共感しただけではない。これだけネット上でも反響があったものなら、書籍にすればもっと多くの人に読まれるはずだと思ったのだ。そこには編集長として、何としても「ヒット作を出したい」という計算もあった。あと2回ロングインタビューをさせてもらえれば、1冊分にはなるな、と頭の中で計算していた。

だが、そんな私の浅はかな欲望を見抜いてか、糸井さんからの返事は「本にすることには興味がない」というものだった。がっついた自分が恥ずかしくなった。だが、せっかくできた「ほぼ日」とのご縁。先方の編集部とはこれを機に何か一緒にできたらいいですね、という話になった。

AERAと「ほぼ日」。独自の世界観が確立している「ほぼ日」の編集部の人たちと話すうちに、読者の年齢層が同じということがわかった。であれば、もう一度「40歳」を考える企画を一緒にやったらどうだろう。ＡＥＲＡはＡＥＲＡとして、「ほぼ日」は「ほぼ日」として、同じテーマをそれぞれのメディアの特徴を生かしたアプローチをして考えてみる。だが、せっかくコラボするなら、お互いの企画に相互乗り入れしたり、お互いの企画を転載したり、そんなこともやってみようと。

例えば、40代を代表する宮沢りえさんと糸井重里さんの対談。同じ対談だけど、構成はそれぞれのメディアで。すると、まず紙幅に限りがあるＡＥＲＡとネットという分量に制限がない「ほぼ日」では全体のボリュームが違う。ＡＥＲＡがぎゅっと対談のエキスが詰まったサマリーだとしたら、「ほぼ日」バージョンは行間から2人の呼吸や間合いなども伝わってくるようなゆったりとした構え。紙とネットというそれぞれの特徴が出た。また、ネットメディアである「ほぼ日」の特徴を生かした双方向性のある企画も実施。40歳としての悩みを投稿してもらうといった仕組みを「ほぼ日」側が実装してくれ、ＡＥＲＡではその投稿された悩みから企画を作る、ということを試した。

その後もオンライン経済メディアのニューズピックスやヤフーニュースともコラボ。ヤフーニュースとは「みんなのリアル～1億人総検証」というシリーズを展開した。ＡＥＲＡで実際に特集して反響があった結婚や貧困の問題を、ヤフーニュース用にさらに追加取材、動画のコンテンツも制作した。

当然、編集部員の数は増えないので、こうした作業は部員たちにさらなる負荷をかけることになった。にもかかわらず、試してみたのはなぜか。

前出の佐渡島さんの「ネットでの存在感が薄い」という言葉がズシンと重くのしかかっていたからだ。今インターネット上で存在感のない情報やメディア＝紙の中だけに閉じているメディアは、世の中に存在していないのも同様。そもそも中吊り広告などもコストカットで削られている。ＡＥＲＡが何をどう報じているのか、それすらなかなか世の中に伝わりにくくなっていた。まずは自分たちのコンテンツをネット上で世の中に発信し、そしてＡＥＲＡというメディアを知ってもらいたいと思っていた。

販売部数が反転しない日が続けば、編集部員たちも意気消沈し、自分たちの作っているコンテンツにも自信が持てなくなってしまう。自分たちが面白いと思って世に出しても、一体どのぐらいの人が読んでくれて、どんな反応をしてくれているのか、それすらわからなければ、毎週暗闇に向かってボールを投げるようなものだ。

ヤフーニュース用に制作した記事の中には、1記事で200万、300万ＰＶを獲得したものもあった。ＰＶが全てではないかもしれないが、こうした数字をとった時には、「私たちのやっている方向性は間違ってない、時代とずれてないから、自信を持とう」と編集部に呼びかけた。

同時にネット上にコンテンツを載せた時の爆発的な広がりも体感した。ニュースや情報というコンテンツとネットの親和性は高い。私だけでなく、その時多くの編集部員たちが体感したことは、のちに私も含めて何人かの編集部員がネットメディアに転出することにつながった。そういう意味では、ＡＥＲＡにとってよかったのかどうか……。

読者は喜んでくれるか

ニューズピックスやヤフーニュースとコラボしたのには、もう一つ大きな目的があった。雑誌の大きな収入源は、販売収入と広告収入だ。あとはＡＥＲＡのコンテンツをムックにしたり書籍化したりする「臨時収入」。この３本柱だ。部数が減り続ければ当然、販売収入が減る。部数が減れば、広告料金も下がり、広告も入らなくなる。もちろん部数を増やすために（つまり売るために）いろんな布石は打っていたが、仮に部数が縮小しても、別の収入源を確保することで、なんとか黒字をキープできないか、ということを考え続けていた。つまり収入源の複数化、ポートフォリオをどう組むか、ということだった。

私はずっと週刊誌の記事が１週間でこの世の中から消えてしまうのがもったいない、と思っていた。ＡＥＲＡの記事は新聞やテレビのニュースと違い、即時性よりもニュースをテーマにしたより企画性の高いものだ。私が編集長になって大特集主義に変更して、まとまったボリュームで一つのテーマを深掘りした記事が読めるようになった。とすれば、そのテーマに関心がある人にとっては出版直後でなくても読みたいはずだ。

そこで他のメディアにこれらの記事をバラで売ることによって、より多くの読者が読めるようになる、それがネットメディアであれば、検索で引っかかり読みたい時に読めるのではないか。さらに言えば、ＡＥＲＡはコンテンツを売ることによって、「コンテンツ販売料」が入ってくるのではないか。自分たちの作ったコンテンツを自分たちのメディアだけで囲う時代は終わったのではないかと考えたのだ。

一つの記事を作るために、企画を考え、それをブラッシュアップし、取材して、執筆して、デスクが編集して……と途方もない手間と時間と情熱が注ぎ込まれている。ならば、その記事を何度も使ったビジネスをしなければ、正直〝元が取れない〟。回収できなければ、次のいいコンテンツを作るための原資が生まれない。そのためにも一度作った記事、コンテンツで、いろいろな場所で課金できるようにということを目指した。


こうした新しい取り組みは当然、社内的な反対、反発も予想された。幕の内弁当方式の編集から大特集主義に変えたときのように。特に特別編集長号は、編集長が握っている編集権を外部の人に任せる、ということなので、反発が大きいとは思っていた。後になって社外からも「よく会社が許しましたね」という声もかけられた。

だが意外にも当時、私の上司だった雑誌担当の役員は面白がってくれた。この役員自身、ＡＥＲＡの編集長時代にＡＥＲＡのブランド事業につながる大学のカスタム出版を手がけるなど新事業にチャレンジしていた。自分が新しいことにチャレンジしてきた人は、新機軸に対しての許容度が大きい。しかもＡＥＲＡが苦戦していることは自身も体験しているので、何か新しいことに挑戦しなければ生き残れないということを誰よりもわかっていたと思う。

私が経営陣と約束したことは、「コンプライアンスの遵守と絶対に売る」ということだけ。外部の方にできるだけフリーハンドで企画を考えてもらうためにも、最後の一線、ここだけは越えたらコンプライアンスに違反する、という一線までは、少々「無謀かも」と思う企画、「これはＡＥＲＡらしくないのでは」と思う企画もやってみようと腹を決めた。ＡＥＲＡというブランドを守る、と言えば聞こえはいいが、それが「やらない」「挑戦しない」ことの言い訳になっていたから。

ＡＥＲＡの表紙は、創刊当時からずっとその時々の時代を象徴する人物のポートレートだった。あとは年に1回か2回、大ニュースが起きた時はニュース写真に差し替えていた。例えば米同時多発テロ事件や東日本大震災、また五輪などで金メダルを取った選手の写真など……。創刊当時から変わらないもの、それが表紙と「現代の肖像」という人物ルポルタージュの二つだった。これこそＡＥＲＡ、と言っても良かった。

だが、スタジオジブリのプロデューサー・鈴木敏夫さんに「特別編集長号」を頼んだ時、宮崎駿さんの絵を表紙に、という話になった。絵を表紙にするのは初めてのことだった。鈴木さんが特別編集長を務めてくれて、中は宮崎さんやジブリに関しての特集が満載な号。この号を楽しみに買ってくれるのは、きっとジブリ作品や宮崎さんの絵が大好きな人たちだ。読者にとってどちらが価値が高いか、と言えば宮崎さんの絵に決まっている。きっと大事に保存してくれることだろう。表紙を絵にすることに躊躇はなかった。それよりもむしろ、宮崎さんの絵を本当に表紙にできるの？　というワクワク感の方が優った。

初めてのことをする時に迷ったら、上層部と約束した二つのことを守れているかということはもちろんだが、必ず立ち返っていたのは、「読者は喜んでくれるだろうか」ということだった。周りから反対された時も、それを第一に考えた。反対する人の声が多ければ、「なぜやってはいけないのか」ということを考えた。

ＡＥＲＡでいろいろな新しいことを仕掛けていたら、何度か他の企業の研修に講師として呼ばれるようになった。テーマは「企画力をどう身につけるか」ということのほか、「逆風の中の環境でどう戦うか」「大企業の中でどうやって新しいことに挑戦するか」というテーマも多かった。

今、日本では新規事業、イノベーションが生まれない、ということが共通の課題としてある。特に大企業で、担当部署がよりサイロ化した企業であるほど働く社員の思考も狭い枠内での発想になり、価値観をガラリと変えるようなアイデアが生まれにくくなっている。どの企業も、そのことで苦しんでいる。

私がＡＥＲＡでいくつかトライしたことは、「イノベーション」というほど大げさなものではない。しかし、市場自体がシュリンクする中で、なんとか生き延びるために過去のやり方にとらわれず、持っている自分たちの強みやリソースを生かし、その組み合わせの方法を変えて、新しい価値を少しでも生み出そうとした小さな試みの連続だった。

新しいことにトライするときに、必ず反対する人はいる。それでも「こういう理由でやりたいのです」という信念を訴えれば、社内で反対する人たちに対しても、「とりあえずやらせてください」で押し通せた。「面白いものを作ります」「絶対売ってみせます」「だから、挑戦させてください」と。雑誌編集部という小さな所帯だからこそ、小さなトライを繰り返せたということは大きいかもしれないが、それでもやらずに毎週それまでと同じように週刊誌を作っていくこともできた。

でも、それだとジリ貧になることは見えていた。もっと言えば、同じことを繰り返していては、そもそも楽しくない。編集部員や一緒に働いてくれているデザイナー、外部のライターなどと一緒に、これまで見たことのないＡＥＲＡを作りたかったのだ。

ＡＥＲＡを作りたくて朝日新聞社に入社して、17年間その雑誌に関われたことは本当に幸せだった。だからこそ、終わった時には「次」がすぐには考えられなかった。

1年間、親会社の朝日新聞社に戻り、新しくできた総合プロデュース室でプロデューサーという役割を果たした。経営的に徐々に厳しくなりつつある新聞社の新しいビジネスモデルを作ること。新たな広告の形や新規事業の種を見つけること。それがミッションだった。最初に聞いた時には「面白そうだな」と思って異動し、いくつか新しいプロジェクトも立ち上げた。

だが、どこかでずっと思っていた。ああ、ニュースやりたいなあ、と。メディアの世界はここ数年で激変する。そんな時に、ニュースの最前線にいたいなあと思っていた。そして、そんな私に声をかけてくれる人がいた。

第2章 女性初は得か損か

「女性×働く」を切実にした出来事

ＡＥＲＡは１９８８年の創刊以来、歴代編集長は男性が続いていた。私は12人目の編集長、そして初めての女性編集長となった。

私が就任する半年ほど前、同じく朝日新聞出版が発行する週刊朝日でも、一つ上の女性の先輩が編集長に就任していた。ちょうど安倍政権の「女性活躍」の動きもあり、会社としても社外的にアピールしたいと考えたのだろう。週刊朝日とＡＥＲＡ、２人の女性編集長を登場させた新聞の全面広告まで制作してくれた。

「ＡＥＲＡ初の女性編集長」という肩書きは自らプロフィールに入れていたが、書きながらも自分で入れることに躊躇《ためら》いがあった。入れれば間違いなく、そこにフォーカスされるし、他の週刊誌との差別化もできる。少しでも若い読者や女性にもニュース週刊誌を手に取ってもらいたい、そのためのハードルを低くするという意味で、女性編集長が雑誌の

〝ウリ〟になるのなら、という気持ちだった。

だが、社外での講演活動などでプロフィールを紹介される時に、ことさらその肩書きを強調されると、身の置き場がないような感覚になった。自らが感じている以上に「女性初」というタイトルにこそ周囲は価値を置いているのでは、といたたまれないような気がしていた。

我ながら身勝手な感覚だとは思う。働く女性に関するテーマを扱うことの多かったAERAでは、「女性初」の記事はマスト記事。女性社長や女性役員だけでなく、管理職でさえまだまだ女性が少ない日本では、私たち自身が「初もの」に価値を置いてきた。やっとこの日本の大手企業でも女性初の社長が生まれたか。役員が誕生したか。それは確かに日本ではニュースなのは間違いなかったのだが、自身が「初」になった時、その「初」という肩書きとの付き合い方、折り合いの付け方に困惑した。

AERAは1998年頃から、「女性×働く」をテーマにした企画を連発、「働く女性を応援する雑誌」としてのカラーを打ち出したことで、部数が大きく伸びた。私の一つ上の1988年入社の先輩女性記者たちが、自身や同世代が抱えている悩みを記事にしたところ、大きな反響があったのだ。結婚・出産で退職することが当たり前だった、退職せざるを得なかった均等法世代の本音をすくい取ってくれるメディア、そんなポジションを確立していた。

私がAERA編集部に異動したのは1999年。最初、少し抵抗感のあった〝働く女性路線〟を継承した記事だが、同世代の女性たちの取材を進めるうちに「書きたい」という想いがジワジワとわいてきた。

だが、自身の問題として「女性×働く」問題が切実に感じられるようになったのは、2004年以降のことだ。その年に副編集長、つまり管理職になったこと、2006年に出産したこと。この二つの出来事は「働き続ける」問題を、「女性として働き続ける」問題に変えた。もちろん、それまでも「女性だから」ということでの疑問や悩みが全くなかったわけではない。でも登る山が高尾山から富士山に変わる、ぐらい感覚の違いがあった。日常の延長、普段着では登れない。登山用の特別な装備が必要になる、「登ろう」と覚悟を決めなければ登れない、そんな感じだった。女性である、ということを意識する場面は急激に増えた。

にもかかわらず、「女性初」という肩書きには感慨や達成感よりも、なんとも言えない居心地の悪さがつきまとった。

「男性記者に代わってください」

朝日新聞社に1989年に入社した記者の同期は約80人。うち女性記者は14人だった。当時、新人記者は入社後、数日間の研修を終えたら、すぐに地方支局に配属された。私の初任地は群馬県の県庁所在地、前橋支局。配属先が決まる3月1日、卒業旅行先のオーストラリアから人事部に国際電話をかけて告げられた先は横浜支局だった。山口県から大学入学時に上京し、覚悟していたとはいえ、また地方かあと思っていたので、「横浜」と聞いて、正直「やったー」という思いだった。

だが、卒業旅行から帰国すると、母にこう言われた。「配属先が変わったって電話があったわよ」。なんでも、入社する予定だった女性の1人が、大学院の試験に合格し入社を辞退したので、その女性が赴任するはずだった前橋支局に新人記者が1人も赴任しないことになった。急遽、新人記者が2人赴任する横浜支局から私が前橋に回されたらしい。新聞記者は転勤が多いと覚悟していたが、入社前から辞令一つで簡単に自分の生活が変わるということを思い知った。

前橋支局には近隣の通信局も合わせると12〜13人の記者がいた。女性記者は私だけ。1年ほど前まで先輩女性記者がいたので、支局にとっては2人目の女性記者だった。

新人時代はとにかく眠かった。1年目の記者はまず警察を担当する。その中には「警戒電話」という仕事がある。事件、事故が起きていないか、2時間おきに県内のすべての警察署に電話をかける仕事。群馬県内には当時23箇所ほどだったと記憶している。朝7時すぎから始め、夜中1時半頃まで。県警の広報が発表する前に、事件や事故を察知して、記事にするためだ。休日以外は毎日、取材が入っていてもその合間に電話する。

さらに救急車や消防車、パトカーのサイレンが聞こえれば、「今、サイレンが聞こえましたが、どこかで事件や事故が起きていませんか」と電話。前橋市内であれば、現場に行け、と言われた。頼んだ出前が支局に届いた直後にサイレンが鳴り、そのまま現場に取材に行き、帰ってきた時には冷めきっていたことなどしょっちゅうだった。とにかくゆっくりご飯が食べたい、寝たい、記者になりたての頃はそればかり考えていたように思う。

地方支局では記者は1人1台、自分でローンを組んで車を購入して、自分で運転しての取材が基本だった。取材に行く時に、赤信号で止まっていると瞬間的に睡魔に襲われ、後ろの車からクラクションを鳴らされたことが何度もあった。このままでは自分がいつか事故を起こしてしまう。それが怖くて、あまりに眠い時にはコンビニの駐車場に車を止めて、仮眠を取るようになった。気づいたら、何時間も眠り込んでしまい、ポケベルで起こされたこともある（当時、携帯電話がなく、記者は全員ポケベルを持たされていた）。

実際、事件現場に行く途中、あまりに急いでいて、自分が接触事故を起こしてしまったことが何度かある。当時はGPSなどもなく、事件や事故の現場は大抵初めて行く場所だ。慣れない土地、慣れない運転、地図を見ながら、それでも一刻でも他社よりも先に現場にと、焦りばかりが募った。そんな時にポケベルが鳴り、「どこにいるんだ」「現場に着いたのか」と先輩記者やデスクは情報を求めてくる。公衆電話を探すのと、現場に急ぐのと一体どっちなんだよ。パニックになると大抵、いいことは起きない。

要領を得てからは、記者クラブにいる時には他社の男性記者に同乗してもらうようになった。１人が地図を見て、場所を特定した方が早い。本来、競争すべきライバルだが、事故を起こすより、道に迷うよりはいい。

当時、県警担当の女性記者は朝日新聞と毎日新聞ぐらいしかいなかった。最初は男性ばかりの記者クラブに足を踏み入れることも躊躇した。自意識過剰、と言われるかもしれないが、一斉に「なんだ、この若いオネエちゃん」という視線が注がれたと感じた。男性記者は眠くなれば、クラブのソファに横になって寝たり、他社同士でも将棋を指したりしていた。そこに女性記者の居場所はなかった。自社のデスクでこっそり小さくなっていた。

赴任した当初、どうしても支局のマニュアルのジープが運転できず、5月になって初めてもらった休日に、地元紙の同期の男性記者に同乗してもらって運転の練習に出かけた。翌日クラブに出社すると、そのことが記者クラブに知れ渡っていた。しかも「あの2人はデートした」という文脈で。小さい街の狭い世界のことだ。一挙手一投足が見られている、こうやって噂は広まるのか、と驚いた。なんだか見世物小屋に入れられた〝珍獣〟のようだった。

支局に読者から記事に対する苦情や意見などの電話がかかってきた時も、私が電話に出ると、ほぼ１００パーセント「記者の方に代わってください」と言われた。「私も記者ですが」と返すと、「では、男性記者に代わってください」と。まだまだ社会に女性が記者をしている、という認識すらなかった時代だった。

こうした類の話は新聞記者に限った話ではない。金融機関で働いている同世代の女性からもよく聞いた。営業に行っても、「男性社員を寄越せ」。女性社員を担当にしたということは、自分が「軽んじられている」と感じる取引先もまだ多く、仕方なく男性の先輩や上司に同行してもらったと。女性はアシスタント的な仕事をするのが当たり前、男性と同じ仕事をする女性がいるなんて考えられない。男女雇用機会均等法という法律ができたからといって、意識はそんなにすぐに変わるものではないのだ。

ある大手銀行に総合職として就職した同級生は、こんなことを話していた。都内の支店に配属された彼女が日経新聞を読んでいると、上司から「女性は読む必要はない」と言われたと。当時、出社すると、自分の名前の書かれた木の札をひっくり返すことになっていた。名札は男性と女性に分かれて、かかっていた。彼女の札はどちらでもなく、一人ポツンと離れた場所にあったと。

この名札問題は、当時の総合職女性の立場を象徴している。男性と同じ仕事をすると言われて入社したはいいが、どんな仕事をさせるのか、企業にも上司にもはっきりとした方針があったわけではなく、手探りだった。かといって、一般職の女性たちとは違うことを見せなくてはならない。どこにも所属できない〝一人札〟現象は、多くの均等法世代が体験していたことだ。

この女性は入社３年で銀行を退職、その後アメリカでＭＢＡを取得し、現在は外資系企業で働いている。
1989年入社組は均等法施行後に入社した3期目にあたり、バブル経済の恩恵もあり、女性総合職が金融機関などで一気に増えた年だ。就職の際の総合職という立場のハードルは下がった。だが、人数が増えた分だけ、職場や上司の混乱も増していたように感じる。まだまだ「どこにでもいる存在」ではなく、各職場ではたった1人という状況が続いていて、孤立や孤独に耐えかねて退職を選ぶ、という人も少なくなかった。

AERAに異動してすぐに「素敵な専業主婦という生き方」という記事を書いた。当時絶好調だった「すてきな奥さん」という雑誌をもじってタイトルをつけた。私自身と同世代の総合職の女性たちがなぜ退職という道を選んだのか、その理由が知りたくて何人も訪ね歩いた。

印象的だったのは、大手銀行に総合職として就職した大学の一つ上の先輩だった。やはり最初、支店で営業を担当していたが、毎日帰宅は終電。実家住まいだったため、朝は疲れ切った体を母親の運転する車で駅まで送ってもらいながら、なんとか仕事を続けていた。洗濯も食事も母親任せ。「お母さんが専業主婦」という状態で、親がかりの生活を続けることに疑問を持ち、結婚と同時に退職した。

私が取材に訪れた時には、すでに幼い子どももいた。英語が得意だったので、時々家でできる範囲で翻訳などの仕事をしていたが、それもあくまでも家事と子育てがきちんとできる範囲で。仕事を辞めたことを後悔はしていないと話していた。日当たりのいいマンションの室内はきちんと整えられ、お昼に出された炊き込みご飯とお椀は出汁が利いていて、「丁寧な暮らし」の味がした。

その先輩は大学時代、成績が優秀なことで名前が知られ、リーダー的な役割を担っていた。彼女こそはずっと仕事を続けるものだと思っていただけに、その日当たりのいい部屋での姿に、少なからずショックを受けた。そのショックは何だったのだろう。あんなに能力が高いのにもったいないという気持ち。ずっと働き続けると思ったのに「裏切られた」という気持ち。どんどん周りから同世代の働く仲間が減っていく淋しさ。その幸せそうな姿が自分にはないというむなしさ……いろんな感情が混じり合っていた。

その後、東大卒専業主婦という記事も書いた。この「元総合職→素敵な専業主婦」の企画で１人の東大卒女性を取材したことがきっかけだった。彼女は、小さい時から成績が優秀で、コツコツと勉強したら東大に入ってしまった。ちょうど均等法が施行され、周りの同級生も総合職での就活をしていたので、流れに乗って、金融機関の総合職に就職したと話した。

多くの働く女性たちを取材してきて思うのは、仕事を続ける、辞めるの一線はどこにあるのだろうということだ。なぜ自分は仕事を続けられたのだろうか。大学時代の成績や資質とは別の、本人の仕事に対するスタンスや動機はどういう条件で形成されるのだろうか。就活時に「一生働く」と決意して就職したけれど続けられなかった人もいれば、そんなに働くことに関心がなかった人が結果的に仕事に面白さを見出して、働き続けられてもいる。

もちろん働き続けやすい職場、家族の状況、というような外的な環境要因は大きいとは思う。だが、もっと何か内面に影響する体験があるのではないか。続ける、辞めるの〝一線〟を分ける体験って何だろう、どんな感情が揺さぶられたら仕事を続けたいと思うのだろうというのは、私の今でも持ち続けている宿題である。

均等法施行から30年経って「働き方改革」がバズワードになり、女性が働き続けられない大きな要因として、長時間労働という職場環境が大きいということはやっと認識されてきた。だが、その問題はすでに1990年代から出ていた。先の大手銀行を退職した先輩の事例などは、明らかに労働時間の問題である。

私自身、新聞記者は長時間労働が当たり前だと覚悟して入社したものの、日々の睡眠不足は堪えた。さらに、労働基準法が改正され、女性が深夜勤務できる業務が拡大したことから、支局での女性記者の泊まり勤務が始まった。朝日新聞社でも私が入社して半年ぐらい経った頃から泊まり勤務がスタートした。さすがに男性記者と同じベッドは可哀想だと、支局長が物置の一角に新しいベッドを入れてくれた。花柄の布団を用意してくれたのは、支局長なりに考えてくれたのだと思う。

当時、男性記者は交代で泊まり勤務をしていたし、男性の新人記者であれば入社から半年〜1年間、支局に「住み込む」というケースも少なくなかった。私の1年後には男性記

■女性の継続就業に必要なこと

女性にとって子どもを持ちながら働き続けるために必要なこととしては、「子育てしながらでも働き続けられる制度や職場環境」「勤務時間が柔軟であること」「残業があまり多くないこと」が多く挙げられている。また、「長期的に安定した継続雇用」や「やりがいが感じられる仕事の内容」とする回答も多い。

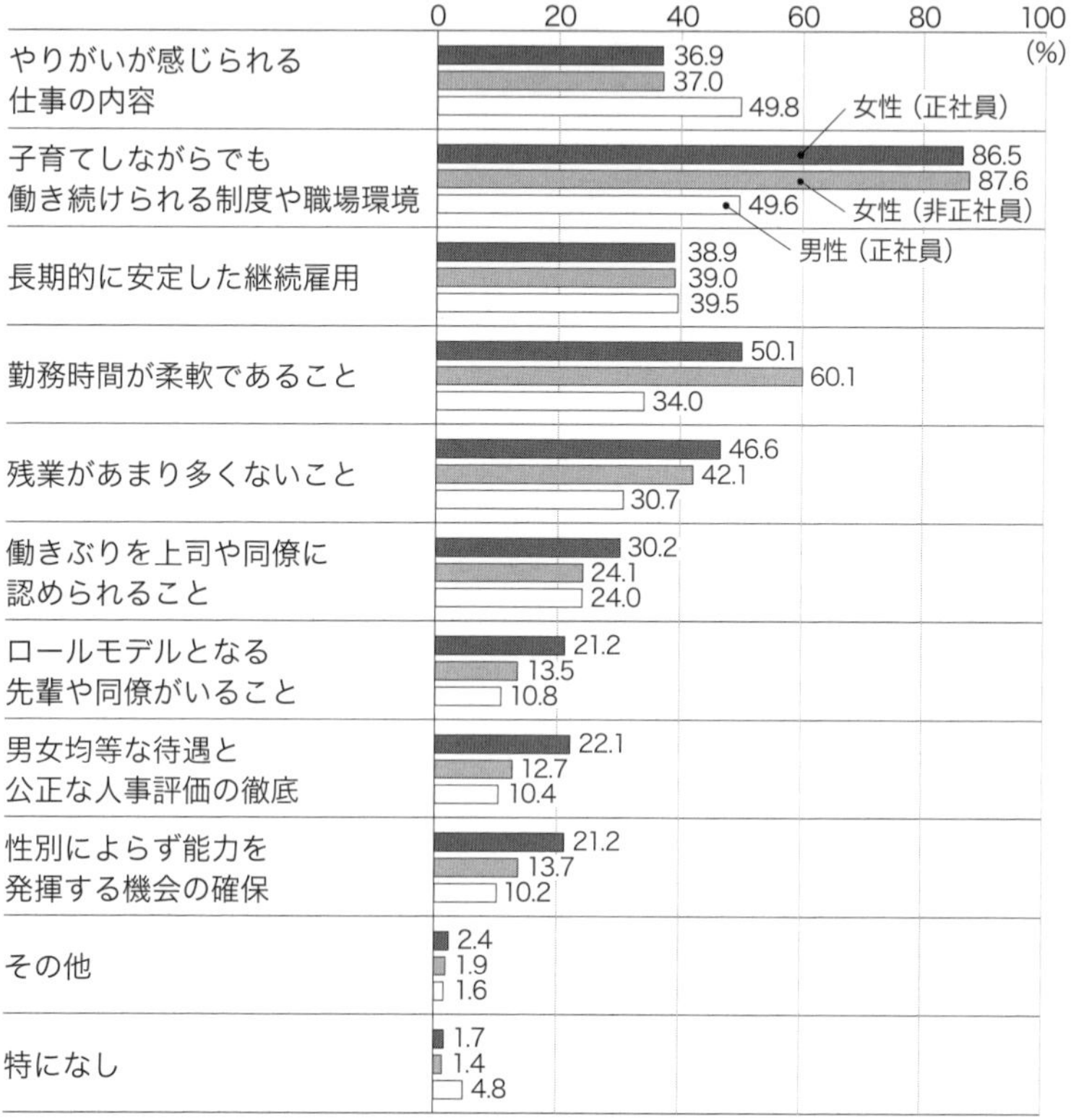

（資料出所）厚生労働省委託調査　三菱UFJリサーチ&コンサルティング
「育児休業制度等に関する実態把握のための調査」

者が2人、前橋支局に配属されたが、2人は夏頃まで支局に「住んで」いた。自分だけ泊まりを免除されているという申し訳なさもあったので、泊まりが始まって、これで一人前と認められる、という安心感もあった。

だが、宿直勤務が始まってみると、想像以上に体はきつかった。泊まり明けが非番になるということもなく、早く帰れるわけでもない。一旦、自宅にシャワーを浴びには帰っていたが、朝から取材が入っていたりすると、それもままならなかった。先輩の女性記者からは、あまりに眠くて、通りがかった美容院に飛び込み、髪を洗ってもらう時間に寝た、という話を聞いた。

新聞社でも働き方改革の必要性が少しずつ浸透しているので、今はこういう状況は改善されているとは思う。泊まり勤務なども男女に限らず、廃止している支局もある。当時、私が一番不安に思っていたのは、体力的に続けていけるのか、ということだった。夏の高校野球の期間や選挙になると、1カ月ずっと休日なし、という状態だった。捜査本部が立つような大きな事件や災害が起きたら、言うまでもない。男女の能力差はない、と信じていたが、この過酷な勤務状況に先に体の方が悲鳴をあげた。

とりあえず、お前行っといて

ちょうど私が入社した年に、前橋支局では大きな案件を抱えていた。1985年に起きた日航ジャンボ機墜落事故。乗客、乗務員合わせて520人が死亡するという過去に例を見ない墜落事故の現場は、群馬県上野村の御巣鷹《おすたか》の尾根だった。私も入社して警察を取材するうちに、この事故当時の状況やどれほどの大惨事だったのかわかった。現場の捜索やその後の捜査の苦労などを警察関係者から繰り返し聞いた。群馬県警の捜査は、海を越えて飛行機を製造したアメリカのボーイング社にも及び、墜落の原因は数年前に同機が起こした尻もち事故による圧力隔壁の破損によるものだったと結論づけられていた。

この事故が前橋で取材する記者たちにとってどれほど大きなものだったのか。私は入社してすぐに、支局に並べられた膨大なスクラップブックを見て思い知った。当時取材していた先輩記者たちが休みも取らず関係者を当たった記録。県警キャップだった先輩記者はアメリカまで取材に行っていた。

この事故については、作家の横山秀夫さんが『クライマーズ・ハイ』という小説に描いている。私が入社した当時、横山さんは地元紙・上毛《じょうもう》新聞の県政担当記者で、その後、デビュー作でサントリーミステリー大賞佳作を受賞した。県警担当時代、横山さんがどれだけ特ダネ記者だったのか、という逸話はあちこちで聞いた。

その日航ジャンボ機墜落事故の捜査は、私が入社した1989年に、まさに大きな節目を迎えていた。群馬県警の捜査が終わり、捜査は前橋地検に移っていた。事故の責任を刑事的に問えるのか。つまりこの事故の関係者、責任者を起訴できるかどうか、というタイミングになっていた。

夏から秋頃には結論が出るのでは、と言われ、各社、地検の関係者への夜討ち朝駆けが激しくなっていた。その頃、東京から前橋地検のトップ、検事正として赴任してきたのが、東京地検特捜部で特捜部長として数々の大事件を担当してきた山口悠介氏だった。この事故の刑事責任を問えるかどうかは、非常に微妙だと言われていた。起訴か不起訴か。NHKをはじめ各紙の担当記者は、その〝結論〟を一刻も早く報じるために、県警担当記者が手分けして夜討ち朝駆けに回っていた。

前橋地検の捜査の中心を担っていた三席と呼ばれる一番のキーパーソンの検事は、県警キャップだった2年目の先輩が担当した。毎朝、その検事が住む官舎の前で待ち、前橋地検まで一緒に〝通勤〟する。その間、事件について話すわけではない。その日の天気のことや体調や、当たり障りのない会話をするだけだ。だが、そうやって徐々に人間関係を作り、その何気無い会話の中に何か核心に迫るヒントがないかを探るのだ。まるで禅問答のようだ。当然、その日の他社の朝刊や7時のNHKのニュースで、捜査に関連するニュースが出ていれば、それについて質問するのだが、検事は警察官にも増して口が堅い。「はい、そうです」「違います」とすんなり答えてくれるわけではない。

県警担当の一番下っ端だった私の担当は、赴任してきたばかりの検事正の山口氏だった。なぜ、私がトップの人間を担当したのかというと、山口氏は捜査に関することを一言も口にしないだろう、とキャップが判断したからだ。だが、各社担当記者を張り付ける以上、朝日としても記者を行かせないわけにはいかない。何かあった時に朝日だけ記事が載らない「特オチ」をしては困るから、「とりあえず、お前行っといて」という感じだった。はっきり言って、捜査の本筋の情報を取れるなんて、全く期待されていなかったのだ。そのぐらい私は事件取材が苦手で期待もされていなかった。

当時、入社半年後に東京本社に同期が集まる「半年研修」という制度があった。地方に散っている同期と半年ぶりに会えるのだ。楽しみな半面、私は憂鬱だった。こういう特ダネを取った、こうやって捜査一課長の家にあげてもらえた、など同期が話す〝成功談〟に肩身が狭かった。

警察は昼間、庁舎を回っても捜査１課などは部屋にも入れてもらえない。「何しに来た」と言われるだけだった。メディア担当の副署長だけが相手をしてくれるので、私はそこに言ってお茶を濁していた。先輩からは、夜、警察署に行って、宿直の警察官と仲良くなり顔を覚えてもらえと言われ、しばらくは通った。だが、当時、女性記者そのものが珍しかったのだろう。警察署に入っていっても、最初は記者だと思われず、「駐車違反の罰金の支払いは昼間来るように」と言われたりもした。

「朝日の女性記者」と認識してもらえるようになってからも、雑談している警察官の中にはなかなか入っていけなかった。私が入った瞬間パッと会話が途切れる、という経験を何度もした。北関東は圧倒的に巨人ファンが多く、初対面の警察官と仲良くなるには、プロ野球の話題が一番心を開いてくれそうだとわかってはいた。男性記者なら話をうまく合わせられるんだろうなあ。悔しいというよりも、なすすべがないという感じ。そうこうするうちに、パッと注がれた視線がすっと外されるようになった。その場にいて、ナイター中継を一緒に見るのが精一杯。何も話しかけられず警察署を後にする、ということが続いた。警察回りが本当に苦痛だった。

次第に夜回りに出る、と言って支局を後にした後、深夜上映している映画館で時間を潰し、夜回りをしたふりをして支局に戻るという術も覚えた。そのうちメディア対応に慣れている副署長の家に行けば邪険にされないことがわかったので、ご飯をご馳走になり、娘さんの家庭教師をしていた時期もある。警察取材から逃げまくっていた。

その後、入社してきた後輩の女性記者たちが携帯1本で警察や検察から「特ダネ」を取っている姿を見たり聞いたりすると、心からすごいと思えた。

検事正の山口氏の担当になってからは、とりあえず行くだけは行こうと決め、毎晩検事正官舎に通った。最初の頃は各社1人ずつ回ってきていた。全く家にあげてもらえないこともあったが、東京でこうした夜回り慣れしていた山口氏は、時々記者たちを自宅にあげてくれた。奥様がつまみを用意してくれて、お酒も入ると山口氏は饒舌《じょうぜつ》に昔の事件のことを話してくれた。興が乗ると、趣味のアコーディオンを取り出し歌い始めた。記者仲間はそれにお付き合いするという形で合唱する。しかし、肝心の日航ジャンボ機墜落事故については捜査の本筋の話はもちろん、事故そのものについても全く触れもしなかった。

徐々に山口氏を回っても情報は取れないと判断した他社の記者は来なくなった。
といっても、私は他に行くところもない。1人になっても通ってくる私を不憫《ふびん》に思ってくれたのかもしれない。独身の一人暮らしだと知ると、奥様も時には夕飯をご馳走してくれた。休日に訪れると、一緒に散歩したり、ゴルフの打ちっぱなしに付き合ったり、喫茶店でお茶を飲んだり。じりじりと時間ばかりが経つのに、肝心の話は全く聞けない。焦りもあったが、だんだんそのことはどうでもよくなってきていた。

何カ月か経った夜だった。その日も私は官舎で1人、山口氏と向き合っていた。すると、ポツリポツリと山口氏が話し始めた。数日前に公用車の運転手と一緒に御巣鷹の尾根に登って、「昇魂之碑」と言われる慰霊塔に手を合わせてきたこと。遺族の人の気持ちについて言及したのも、初めてだった。だが、そこで私は詳しく突っ込めなかった。彼なりに最大限の「ヒント」をくれていたのだと思う。おそらくもう少し経験を積んでいれば、「筋」の特ダネにはならなくても、連載のエピソードには書けると考えて、慰霊登山の時の様子や心境をもっと聞けていたに違いない。何が大事な情報なのか、どこにヒントがあるのか。当時の私にはそれをキャッチする能力が欠けていたのだ。

後日、キャップにその話を報告すると、「なぜもっと早く報告しない」と注意された。検事正が遺族を想い、慰霊登山をする。起訴不起訴の結論が出るのは近い、とキャップは判断し、果たしてその通りになった。この事故の関係者が誰ひとり刑事責任を問われない「不起訴」という結論が出て、改めてこの事故と捜査などを検証する連載を始めたのだが、山口氏の登山の様子は、その連載の冒頭のエピソードになった。

女はいいよな

強面《こわもて》と他社の記者が敬遠していた山口氏のもとに、私はなぜ通い続けられたのか。他社の記者からは「女はいいよな」というような発言も聞こえてきた。山口氏は女性には甘いと。だが、それは違うと思う。山口氏は私にも大事な話は一切しなかった。

当時パンダ的な存在だった女性記者は、もちろん顔や名前をすぐに覚えてもらえるというメリットはあった。だが、むしろ何をやっても目立つがゆえに苦労の方が大きかったと今になっても感じている。

東京から単身赴任で来ている警察幹部からは「目立つから、官舎に夜回りには来ないでくれ」とはっきり言われたこともある。何よりも私たち自身がどう振る舞っていいのかわからず、右往左往することが多かったように思う。スカート姿で取材していれば、先輩から「そんな格好で取材できるのか」と叱られ、パンツ姿でいれば年配の警察官から「スカートの方が失礼じゃないんだよ」とたしなめられた。「ボーイズクラブ」と言われる男性中心のサークルにはなかなか入れてもらえない、ということをその後、嫌というほど体験するのだが、警察取材では特に見えない壁のようなものを感じていた。

男性記者は他社同士でも仲良くなって打ち解けて、夜回りの後に飲みに行く。その輪にも入れず、夜回りの後にファミレスで夕食を取ろうと思って入ると、「おひとり様ですか」と声をかけられることも徐々に苦痛になっていき、国道沿いの吉野家に行くことが増えた。そこは1人で遅い夕食を取るトラックの運転手などが多く、1人でも全く浮かなかったから。あの時代の私の孤独に付き合ってくれたのが、山口氏だったのだと思う。

日航ジャンボ機墜落事故は不起訴という結果になった。そして私は肝心のその結論が出た時、会社を休んでいた。38度ぐらい熱が続いた時に休めずに働いていたら、腎盂炎《じんうえん》になってしまったのだ。検事正担当の他に、遺族の担当もしていた。起訴か不起訴か。その結論が出た日にいきなり電話をしても、遺族は見ず知らずの記者に話してくれるはずがない。9月頃から遺族会の中心メンバーの方、群馬県出身の遺族の方に接触し始めた。首都圏に住んでいる人ばかりだったので、休日に自宅を訪問した。平日は持ち場を離れることが難しかったからだ。

4年経っても、遺族にとって事故はまだ「現在進行形」だった。一番印象に残っているのが、子どもを2人亡くされたOさんだ。遺族取材の中で一番辛かったのは、子どもを亡くした親たちの取材だった。Oさんも亡くなった2人の子どもの話をする時に、何度も涙を流された。さらに事故後、家族の中でも事故に対する温度差が生まれ、その後離婚もされた。子どもを亡くした母親は、そこから時間が止まってしまったようになる。だが、Oさんには夫ともう1人の子どももいた。現実の生活もある。夫婦の間に考え方の差が生じ、修復が難しくなったと話された。

大きな災害や事故は、愛する人を亡くした悲しみだけでなく、その後の遺族の人生にこれほどの影響を及ぼすのか。20代そこそこの私が受け止めるには重いテーマだった。最初に訪問した時は4時間ぐらいいただろうか、話されるOさんも私もお互い、涙が止まらなくなったことを覚えている。

休日に遺族の方を訪ね歩くのは体力的にはきつかったが、それでも自分で「主体的に」働けているという実感があった。自分が書きたい、この人たちの思いを字にしたい、という衝動があったから。だからこそ、不起訴という結論には落胆したし、何よりその時に体調を崩して戦線を離脱しなければならなかったことを申し訳ないとも思った。


一方で、このまま働き続けるのはもう限界なのでは、とも感じていた。不起訴決定の日に社会面に掲載されたある遺族のコメントで、私は「お詫び」を出した。妹を亡くされた方で、自分が話したこととニュアンスが違う、ということだった。最初、私が出したコメントの原稿が長いということで、東京のデスクが手を入れてコメントはかなりはしょられていた。「うわ、こんなに乱暴に削られて、かなりニュアンスが違う」と思った。だが、すでに体力的にも限界だった私は、「違う」という思いを呑み込んでしまった。今なら、「こんなに削るんだったら、全く意味が違うから載せないでくれ」と言えばいいとわかるが、1年目の記者には東京のデスクにきちんと主張することも思いつかなかった。

体調を崩すと、ここでもう一踏ん張りが利かなくなる。そうなると記事のクオリティーにも影響する。結果、多くの人に迷惑をかけてしまう。私がＡＥＲＡ編集長時代、一番気をつけたのは体調管理だったが、その原体験はこの時にある。

この時、私は結果的に１週間会社を休んだ。あんなに一日に何度も鳴り、しまいにはバックするトラックの「ピーピー」という音にもビクッとするほど過剰に反応していたのに、そのポケベルが全く鳴らない日々。一番大事な時に戦線を離脱しなければならなかった申し訳なさと同時に、自分がいなくても回っていく職場。出来上がる紙面を見て、「自分の仕事は何なのだろう」とわからなくなった。この仕事を私は続けていけるのだろうか。

この年の冬から翌春にかけて、私は会社に内緒で転職試験を受けている。新聞の求人欄で見つけたテレビ局と出版社。早く東京にも戻りたかった。１週間家で療養している時、友達もいない地方に１人でいる心細さといったら。何よりも、今より少しでも時間的にラクな仕事に就けたら、という動機が大きかった。

今でも時々、あの時のことを思い出す。そのたびに、なぜ私が働き続けられたのだろう、と。しかも朝日新聞社に28年間も。転職試験を受けた2社に落ちたことも大きい。特に出版社の試験は、中途採用の試験だっただけに、筆記試験は具体的な雑誌作りのプランを考えることだった。雑誌の判型などの形態の用語もわからず、表紙のラフデザインも描けず歯が立たなかった。転職しようにも、中途で必要とされるスキルも能力もなく、その道も諦めた。

少し状況が変わったのは、入社2年目になり、自分の下に新入社員が入ってきたことだ。男性2人の新入社員が入ってきて、私は警察担当を外れ、市役所を担当する市政担当記者になった。毎日の警戒電話からも夜討ち朝駆けからも解放された。何より市役所を1人で担当したことが大きかった。その日、何を取材し、書くのか。誰も指示してくれないので、自分で決めて動く。警察担当の時には3人チームの一番下っ端。先輩たちの指示に従うことも多く、自分の仕事が全体のどの要素にあたり、どういう意味を持つのかわからず動いていた。今思えば、「主体的に動く」ということが、どれだけ仕事への責任感を持たせ、やりがいやモチベーションにつながったかということだと思う。


朝日新聞では当時、2年目の記者が社業である高校野球を担当していた。私も、夏前からは高校野球の担当になった。県内の約50校の野球部を回りながら、連載企画を自分で考え、各野球部の監督や選手たちとの人間関係を作っていく。高校球児たちを取材するのは楽しかった。年齢も近いということで、慕ってくれる選手も出てきた（その後、就職の相談に乗った選手もいる）。

実は当時の支局のデスクがちょっと厄介な人で、完全に「夜型」の生活スタイルだった。午後3時頃支局に出勤して、それから原稿を見始める。その日の原稿を見終わった夜10時頃に一旦食事に出かけ、深夜戻ってきて連載や企画ものの原稿を見始める。こっちは連載の原稿はとうに出しているのに、デスクが見るのは深夜から。そこから「ああだ、こうだ」と直す箇所を指示され、終わると夜が明け始めている、という具合だった。デスクはそこから家に帰って昼過ぎまで寝るのに、私は朝からまた取材だ。今だったら立派にパワハラだと思う。

このデスクとの人間関係にはほとほと疲れたが、2年目になり、私も図々しくなっていた。書き直しを命じられた箇所に納得できなければ、とことん反論した。それで議論になり、明け方になる。2人とも言い合いに疲れ切って朝を迎えたこともあった。もっと素直に従っていたら、ラクに仕事ができたと思う。だが、この頃から少しずつ自分の仕事に意地もプライドも生まれていた。寝不足でフラフラになりながらも、「眠い」ことを言い訳にコンビニの駐車場でサボることもなくなった。1年目の私は、とにかく仕事から「逃げて」いたのだ。

喉元過ぎれば体制側

私の後に入社してきた男性記者2人は対照的だった。1人は社交的で取材先ともすぐに仲良くなれるタイプ。素直に頑張るので、支局でも重宝された。もう1人は本が好きな寡黙なタイプ。納得しないと動かない。でも彼の書いた文章はとても味があった。新聞記者というより文学者というタイプだった。

その後者の後輩記者が1年目の夏に退社した。今では若手記者の退職はそれほど珍しくないが、当時は非常に珍しかった。支局長も何度も慰留していたし、件《くだん》のデスクとの人間関係にも原因があったので、別の支局への異動まで打診していた。だが、彼は翻意しなかった。

退職を決めた理由を聞いたら、「自由になる時間がなく、本すら読めないから」と話していた。当時、男性記者は支局住み込みというケースも多く、彼らも最初そうだった。さらに、毎日の夜討ち朝駆けに警戒電話。1年目はなかなか一日丸々休める日もない。彼はその体制に異議を唱えたのだった。

新聞社に入ったのだから、慣習に従うのは当たり前、それができずに体調を崩して休んでしまったのは自分が悪い、と感じていた私には、彼の主張はとても新鮮だった。でも今思えば、彼のような人が出た時に、もっと支局全体で一部の人だけに負担がかかるようなシフトや年功序列による理不尽とも思えるような慣例をやめていたなら、とも思う。

当直の記者がいるのに、「1年生だから」という理由で朝7時台から深夜1時半までの警戒電話をするとしたら、何のための泊まり勤務なんだろう。当時、私もうっすら疑問に感じていたことを、彼は堂々と主張した。1年生だから、一番下だから。ただそれだけの理由で課される「下積み」業務は他にもあり、あまりに重かった。「そんなことを言っても新聞社はそういう仕組みだから」と、自分自身が辛い1年目を過ごしたのに、2年目になって少しラクになっていた私は、自分からその仕組みや体制を変える彼に同調しなかった。自分が体験して嫌だったこと、辛かったことは多々あるのに、そしてそのことにあまり正当な理由があるとも思えないのに、その時期を過ぎると辛さを忘れ、体制側に同調してしまい改革をしようとする気がなくなる。

これは、多くの日本企業が陥っていることではないだろうか。明らかに「おかしい」と当事者の時に感じていても、喉元過ぎれば忘れてしまう。もっと言えば、「自分だってその時期を乗り越えたんだから、後輩や新入社員も乗り越えるべき」。そんな意識が、職場にある様々な問題を放置して、組織を硬直化させてきたのだと思う。

それは30年経った今、大きく変わっているだろうか。

私が今編集長を務めるビジネスインサイダーは、読者の大半が20〜30代だ。その世代を取材していると、日本の大手と言われる企業ほど、この年功序列的な下積み必要論は今でも幅を利かせている。大手商社やメガバンクではミレニアル世代の離職が相次いでいることが問題になっているが、取材した1人の男性は半年で、就職人気ランキングで常に上位の商社を辞めていた。飲み会でのパワハラまがいの行為や、上司や先輩が帰るまで仕事がなくても残っていなければならない慣習に嫌気が差したのだという。残念ながら、まだまだこうした職場は少なくない。こうした職場環境を体験すれば、特に若い女性たちは出産後も、この職場で働いていけるとは思わないのではないだろうか。そしてそういう感覚を持つのは、今や女性だけではない。自分の生活を大切にしたい若手の男性にとっても「イケてない」職場に映るのだ。

その業務は本当に必要なのか。特定の人がやらなければならないものなのか。若い世代だけがやるべきものなのか。本質的に考えて、理屈に合わないこと、無駄なことは変えていかないと、優秀な人材はどんどん逃げてしまうだろう。


私が自身を「女性であるがゆえに」仕事を続けられるかどうか一番悩んだのは、まずは体力的な問題、つまり長時間労働を続ける自信がなくなったことだ。心身ともに疲れ切ると、「仕事を続ける」こと自体の自信が揺らぐ。

むしろその後に「女性である」、ということで感じたものは不安よりも、「悔しさ」の方が多い。例えば、阪神・淡路大震災の時。記者であれば、一刻も早く現場に行きたいと思う。何が起きているのか。自分の目で見て、感じて、書きたい。当時週刊朝日編集部にいた私も「現場に行かせてほしい」と志願した。だが、「女性が行くと大変だから」との理由で、現地取材チームには入れてもらえなかった。その時先輩記者に言われたのは、「現地は大変な状況で、泊まる場所もない。トイレも、ほら、女性は困るでしょ」ということ。

神戸支局や大阪本社の記者の中には女性記者もいて、現地で取材していた。東京からも女性キャスターなどが現地に入っていた。「床に雑魚寝《ざこね》でも平気だから」と訴えたが、男性記者でも現地取材を希望する人が多い時、さらには大災害や大事故、大事件の取材の時のような〝修羅場〟では、そうしたちょっとの「気遣い」をしなければならないことは、

「面倒臭さ」になってしまい、現場の「足を引っ張ってしまう」とまだ当時は考えられていた。誰かを選ばなければならない時は、それが篩《ふるい》にかけられる要因になった。

同じ年に起きた地下鉄サリン事件など一連のオウム事件でも同じだった。オウム真理教のサティアンがあった山梨県上九一色村《かみくいしき》（現・富士河口湖町）。麻原彰晃が逮捕される日が近い、ということでメディア各社はサティアン前に張り込んでいた。そのチームにも入れてもらえず、私は東京・南青山にあったオウム真理教東京総本部の前で丸2日間の張り番を担当した。その時に思った。私が女性でも、例えば圧倒的な取材力や実績があれば、取材班に入れてもらえただろうと。女性であるから多少の面倒臭さはあっても、それを凌駕するほどの力があれば呼ばれただろう。結局、やりたい取材をするには、行きたい現場に行くには、「あいつがいないと困る」と思われるだけの圧倒的な力をつけるしかないのだ、と思い知った。

その頃の私は少し意地になっていたと思う。「女性記者が体験する」的な柔らかめの記事は極力拒否した。私が週刊朝日の編集部に配属になったのは1993年。女性記者による「パーティー潜入記」という連載があり、「美人記者」などという単語が平気で週刊誌に載るような時代だった。「女性視点の記事」を求められると、私はそういう記事ではなく、政治や事件取材をしたい、と主張して、その種の企画ばかり出していた。同じ時期に経済部から異動してきた女性記者の先輩が、独自の視点で面白い経済記事を連発しているのを見て、「ああなりたい」とも思った。自分でしか書けない得意な分野を作らなくては、と焦っていた。

米同時多発テロと中東取材

その後、ＡＥＲＡに異動し、私は〝女性記者〟でありながら、本当にたくさんのチャンスをもらったと感謝している。とりわけ自身の記者生活に大きな影響を与えた取材が、米同時多発テロ事件とイラク戦争の取材だった。

ニューヨークのワールドトレードセンターのツインタワーに2機の飛行機が突っ込むという前代未聞のテロが起きた翌日、当時の編集長の一色清さんはすぐに「浜田さん行くか？」と声をかけてくれた。１９９９年に3カ月ほどニューヨークを拠点にアメリカを取材する、という贅沢な経験をさせてもらっていたので、現地に人脈がある、ということで選んでもらえたのだと思うが、私と一緒にニューヨークの現地に入ったのも女性記者。ワシントンＤＣに入ったのも先輩の女性記者だった。私以外は英語が堪能という〝武器〟があった。一方、テロの首謀者と言われるアル・カイダが拠点としていたアフガニスタンには男性記者たちが向かった。朝日新聞社もニューヨーク取材班は女性記者が多かった。みんな英語ができた。何か〝武器〟さえあれば、最前線にも女性記者が送られる時代になったんだと感慨深かった。

私はたまたまテロが起きた２００１年の5月にも別の取材でニューヨークを訪れていた。

その時に取材したのは、ニューヨークの会社に転職、東京に夫を残し、子どもと一緒に〝母子赴任〟をしていた親子だった。

テロ発生から5日後、アメリカ本土にまだ航空機の乗り入れが制限されていたので、カナダのトロントに飛び、電車で15時間かけて、ニューヨークに入った。すぐにその母子を探した。彼女たちは、ワールドトレードセンターのすぐそばに住んでいたのだ。彼女は東京でテレビ局の記者をしていた。長時間労働の仕事と子育ての両立に悩んだ挙げ句、転職した先がニューヨークのメディアだった。子どもとの生活がやっと軌道に乗り始めた時にテロに遭った。アパートには二度と住めず、荷物もほとんど諦めざるを得なかった。その親子を軸にした記事などを書いた。

その後、２００３年にはイラク戦争時に1カ月ほど中東取材にも行かせてもらった。朝日新聞の取材拠点はヨルダンのアンマンだった。現地に行って驚いたのは、欧米のメディアの女性記者、キャスターの多さだ。著名なＣＮＮのキャスター・クリスチャン・アマンプールは米軍に従軍し、戦争の最前線からレポートしていた。欧米の著名メディアのＡＢＣやＣＮＮなどの拠点はアンマンのインターコンチネンタルだったが、そこでは大勢の女性たちが働いていた。日本も朝日新聞からは私の同期の女性記者も現地に来ていたし、フリーランスのジャーナリストの山本美香さんは、米軍の空爆が降り注ぐバグダッドに入っていた。その後、美香さんとは友達になり、彼女がアフガニスタンやイラクに取材に行くたびに、帰国後に記事などを書いてもらった。シリアで彼女が銃弾を受けて亡くなるまでは。紛争地帯のレポートを続けた日本で数少ない女性ジャーナリストで、本当に尊敬していた。

私を中東に取材に行かせるかどうかは、ＡＥＲＡ編集部の当時の編集長・デスク陣の中では反対する意見もあったと聞いている。イスラム圏で女性が取材するのは危ないのではないか、という理由だった。反対した人は心配をして言ってくれたのだと思う。だが、この「過剰な配慮」が女性の可能性を狭めていることを、男性、特に男性管理職には知ってほしい。あの時、「やっぱり危ないから、男性記者を行かせる」という判断をされていたら、私は大きな取材をする機会を失っていたわけだ。災害時や大きな事件の現場は男性女性どちらにとっても、体力的にも厳しい取材だ。できるかどうかは、「女性だから無理でしょ」「危ないでしょ」と決めつけずに、本人の意思をまず尋ねてほしいと思う。

実際、中東での取材で女性だから難しいと感じることは何度かあった。特にハマスの幹部など地位のある男性を取材する時には服装や言葉遣い、態度などに気をつけた。もしかしたら女性だということで、核心については話してくれなかったかもしれない。それでも、あの時にアメリカにも中東にも出してくれた当時の編集長には感謝している。決めた編集長たちには、それほどの意識はなかったかもしれないが。

一生に一度あるかないか、という大きな事件や事故、災害の取材というのは、記者にとって非常に貴重な体験でもあり、それが財産になり、成長につながる。この時の経験があるので、私は管理職になってから、そうした取材の時にはなるべく女性にも「現場に行ってほしい」と声をかけるようにしてきた。特にママ記者に。東日本大震災の時に、現地に入ってもらった女性記者の１人には子どもがいたが、本人が本当に現地に行きたいと思えば、親を呼ぶなり何とかしてでも手当てをするはずだ。それは本人に決めさせたい。こちらが聞く前から「無理でしょう」と決めつけることはしたくなかった。それでもまだ「あいつは子どもがいるから無理だろう」と決めつける上司は多いし、「大丈夫か」と過剰に配慮する周囲も多い。与えられたチャンスをモノにするかどうかは本人次第、でもチャンスは公平に平等であってほしいのだ。

中東取材では、途中イスラエルにも取材に行った。イラク戦争の背景として横たわるイスラエルと中東諸国の問題について、少しでも理解したいと思ったからだ。だが、私は中東問題の専門記者ではないし、たかだか１カ月ぐらい現地で取材しただけで何がわかる、とも思っていた。どうしたら、私でもこのあまりにも複雑に絡み合った問題を伝えられるだろうか。イスラエルとパレスチナ。同じ世代の母親の視点から取材したらどうだろうか、と考えた。テルアビブで研究者として働く30代の女性と、ガザ地区に暮らす30代の女性。どちらも母親だった。２人の話す内容は驚くほど似ていた。２人が共通して話していたのは、国や民族を超えて、「子どもを守りたい」「安心して育てたい」という思いだった。たった２人の声かもしれないが、そこには〝大文字で語られる〟戦争の悲惨さではなく、手触りのある言葉があった。

女性にチャンスを与えるということは、報道の視点でも多様な声をすくいあげることなのだと思う。私自身、AERAに異動してから、週刊朝日時代にはあれほど嫌っていた「女性視点の記事」が素直に書けるようになっていた。思えば、週刊朝日時代に「女性記者としてカウントされたくない」と背伸びし、意地を張っていたのは、女性であればチャンスは巡ってこないと思っていたからだ。そして与えられる仕事は「女性を生かした」もの。私たち均等法世代が「男性化している」と指摘されることもあるが、そうしなければ大きな仕事やチャンスに恵まれないと思い込んでいたし、そういう部分も事実あったと思う。そのために自分の感情や意見を封印していたとも言える。

女性であれば女性としての意見を述べることだけがミッションだとも思わないが、でも職場でまだ少数派であるなら、これまで抑えつけてきた自分の感情を素直に表現してみよう。例えばそれは、会社や職場、仕事に対してもおかしいと思ったことはおかしいと言えるということだ。

AERA時代、「女性初」という肩書きのついた女性たちを取材してきたが、何人かからは「自分を女性だと思って働いてきたことはない」と言われ、「女性」というカテゴリーで語られることをことさら嫌悪されることがあった。一方で、「自身が女性として苦労してきたことを後輩たちに味わわせたくない」と喜んで話してくれる人たちもいる。前者は、もしかしたら本当に「女性」であるということを意識せずに済んだのかもしれないが、その人たちの業界を考えると、とてもそうは思えないケースもある。まだ過剰に男性に〝同化〟しているか、思いを〝封印〟しているか。いや、その二つは、はっきりと分かれているというよりは、それぞれの人の中で、二つの思いが交錯していて、私も含め、彼女たちはその間で揺れ続けてきたのではないかと思っている。私も「女性×働く」でこのように働けるようになるまで20年以上かかった。

私自身も「女性初の編集長」という肩書きに戸惑い、なかなか自分から「女性初です〜」と無邪気に言えなかった。それは女性ということで不安に思い、悩み、悔しい思いをした一方で、女性だからできた、もっと言えば「女性だから得をした」という体験もしているからだと思う。働く、ということにおいて、女性である、ということがフラットにこだわりなく語れるようになるのは、一体いつなのだろうか。少なくともまだまだ日本では、そうなっていない。

第3章　女性は管理職に向いているか

〝女性後進国〟日本

ＡＥＲＡ時代から、いろいろな企業の方に取材や社内研修などの講師として会うことが多いのだが、決まって相談されることの一つが「若手の女性たちが管理職になりたがらなくて困っている」ということだ。第2次安倍政権では、今後深刻化する日本の労働力不足対策として、女性活躍推進法が制定された（この法律の制定に至る経緯や政権の思惑などに対しては言いたいことは山ほどあるが、それはここでは置いておく）。

世界経済フォーラムが２０１７年に発表したジェンダーギャップ指数において、世界１４４カ国中１１４位という、世界でも突出した〝女性後進国〟である日本。順位を下げているのは、指導的立場にいる女性の数があまりにも少ないという現実だ。最たるものが政界。未だに国会議員に占める女性議員の割合は10・1％（２０１８年4月現在）だ。同時に企業における女性役員数、その予備軍である女性管理職の数もまだまだだ。（Ｐ88参

照）

第2次安倍政権発足直後から女性活躍は叫ばれ、企業における女性管理職の達成目標値まで設定された。２０２０年までに全管理職に占める女性の割合を30％まで引き上げること。だが、いつのまにか女性活躍は「一億総活躍」に取って代わられ、この数値目標も雲散霧消した。

当時、「数値目標ありきでは、実力もない女性たちを大量に〝あげ底〟しなくてはならないのではないか」「そもそも管理職〝適齢期〟の女性たちがそんなにいない」など、企業側からは戸惑いの声も多かった。（P89参照）だが、これらの〝泣き言〟は企業側にも責任が大きいと思う。これまで女性を管理職にする前提で仕事をさせ、育成してこなかったわけだし、長時間労働や育児との両立に疲弊して退職している女性たちも多く、40代の女性たちはそもそも母数が少ない。

そうした背景はあるものの（というか、そうした背景が大いに関係しているのだが）、女性たち自身が「管理職を望んでいない」という問題もまた大きい。

この「若手の女性たちが管理職になりたがらなくて困っている」問題は、まさにかつての私自身がそうだったし、管理職になってからは、管理職に昇進することを躊躇する後輩女性たちをいかに〝その気にさせるか〟で試行錯誤してきた。

私が管理職、ＡＥＲＡ編集部でいうと副編集長になったのは２００４年、37歳の時だっ

■管理職に占める女性の割合

注　平成23年度は岩手県、宮城県及び福島県を除く全国の結果。

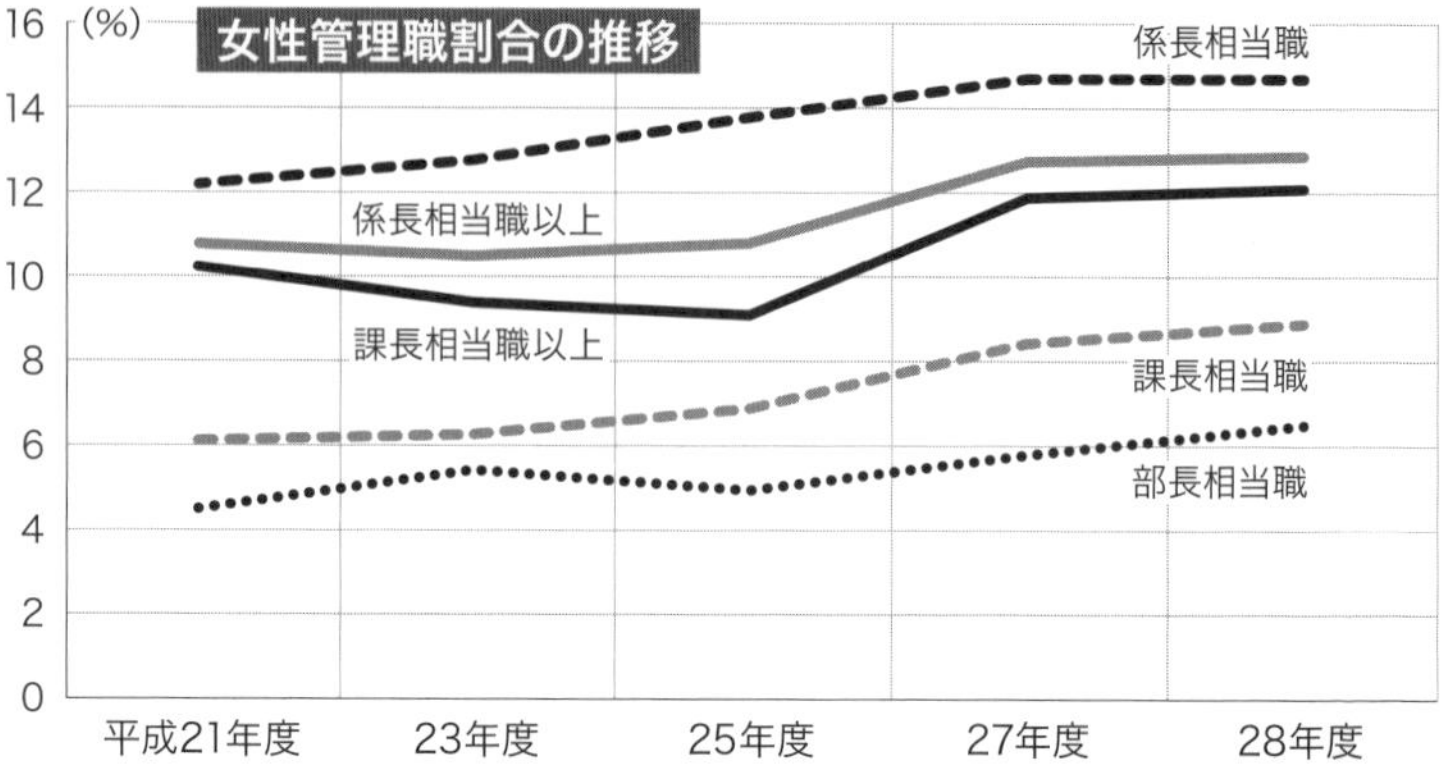

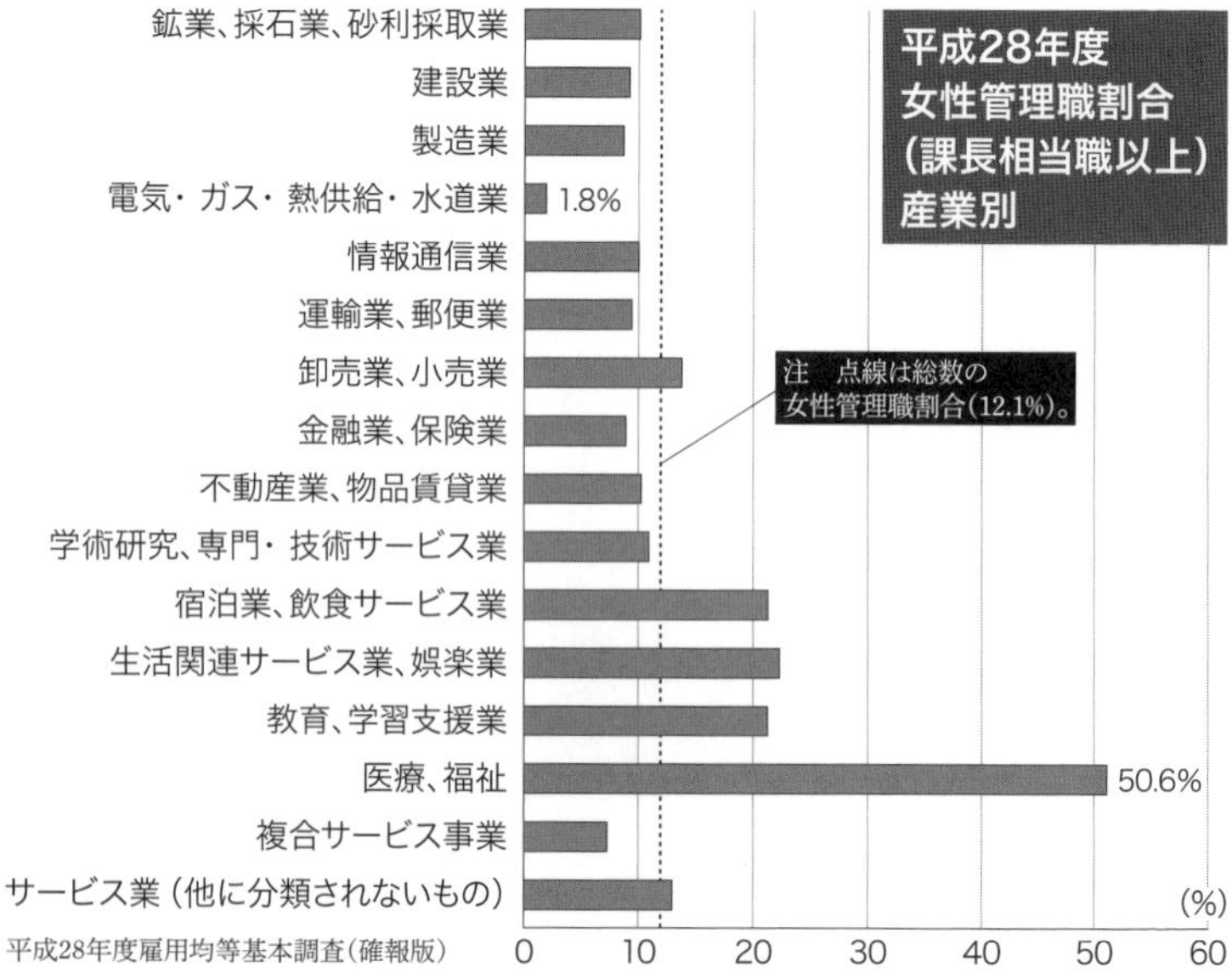

平成28年度雇用均等基本調査(確報版)

■ 女性役職者が少ない理由

女性役職者が少ない(※)理由については、「採用の時点で女性が少ない」や「現時点では、必要な知識や経験、判断能力などを有する女性がいない」、「可能性のある女性はいるが在職年数など満たしていない」、「女性のほとんどが役職者になるまでに退職する」、「女性本人が希望しない」という回答が多く挙げられている。

※「女性役職者が少ない」企業とは、女性役職者が男性役職者より少ない、又は全くいない役職区分（「係長・主任相当職」、「課長相当職」、「部長相当職以上」）が一つでもある企業のことをいう。

女性役職者が少ない理由（複数回答）

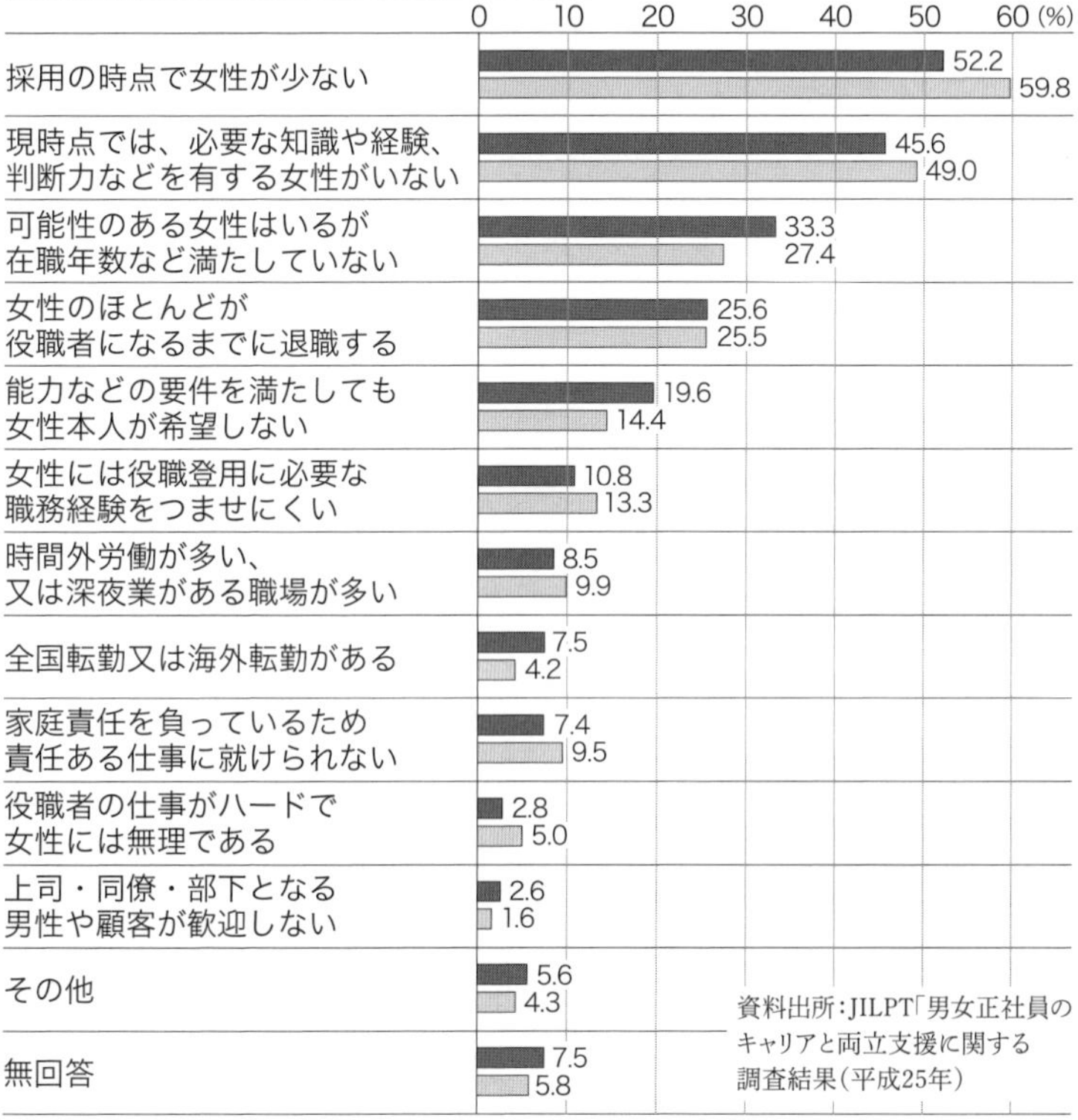

資料出所：JILPT「男女正社員のキャリアと両立支援に関する調査結果（平成25年）

た。同期の中でも管理職になったのは早い方だった。当時、ＡＥＲＡで6年記者を経験して、その中で米同時多発テロ事件やイラク戦争の取材を経験した。その大きな歴史的な事件の取材を経験したことで、もう少し深くアメリカを取材したいと思うようになり、休職して留学できないかと考えた。実際フルブライト奨学生に応募しようと考えて、資料を集めたり体験者から話を聞いたりもしていた。

記者の仕事は取材するテーマも変わるので、やりきったと感じたり、飽きたりすることはなかった。だが、自分自身にもう少し〝付加価値〟をつけ、より深い分析や洞察のある記事を書いていくためには、一度立ち止まって勉強したいという気持ちが生まれていた。入社して新聞で4年、週刊朝日で6年、ＡＥＲＡで6年記者をし、これからも記者として働いていくには、毎週毎週違うテーマを追いかける週刊誌のサイクルから距離を置いて、自分にもう少し何か〝武器〟になる知識を身につけ人脈を広げる必要があると。目の前の仕事に追われていると、どうしても〝思考の深度〟が浅くなることも自覚していた。30代半ばになり、出産のことも頭をよぎっていたので、ギリギリのタイミングだった。

当時の編集長にその希望を切り出したところ、黙り込まれてしまった。その頃はまだ会社に留学のための休職制度もなかった。許してもらえるかは上司次第だった。私はＡＥＲＡの仕事は大好きだったし、仕事も辞めるつもりは全くなかったので、「都合のいい」考えだとどこかで後ろめたくも思っていた（そう思ってしまうぐらい、会社に最適化していたのかもしれない）。その後ろめたさを払拭するように、なぜ留学したいのか、留学すればＡＥＲＡにもっと貢献できる人材になれると訴えた。

数日後に再び編集長から呼ばれ、告げられた返事は「４月から副編集長をやってもらう」。思ってもみなかった返事に戸惑った。ということは、「留学は認められない」ということだ。ここで副編集長人事を断ってまで留学をするということは、退職を選べということ。ＡＥＲＡの仕事が大好きだったので、仕事を辞める選択肢は私にはなかった。あとで思えば、編集長は私の甘い考えを見抜いていたのだと思う。自身のキャリアの限界を何となく感じて「留学」すれば何か見つかるかも、という私の考えを。会社を辞め、ＡＥＲＡの仕事も諦めるぐらいの覚悟が私にはなかった。それまでの延長のような仕事から一つハードルの高い仕事を与えたら、こいつは辞めないだろうと思われたのだろう。そして私は見事に彼の術中に陥った。

管理職の醍醐味とストレス

そして副編集長になった私は、編集長の思惑通りだったと思う。期待をかけられれば、それ以上に頑張ってしまう。毎週他の副編集長以上に担当ページを持ち、自分がＡＥＲＡを「支えている」ぐらいの気持ちになっていた。妊娠中も校了日には日付が変わる頃まで働いていた。

副編集長の仕事は想像以上に面白かった。自分で記事を書いていた頃は、どんなに頑張っても1週間に1本、大きい特集であれば2週に1本、巻頭特集を書くのが限界。だが、副編集長という立場であれば、自分が考えた企画、面白いと思った企画、それを数人の編集部員やフリーライターに動いてもらって次々と形にしていける。そして、その企画の反響が大きかったり、売り上げが伸びたりした時は、その結果を一緒に手がけた編集部員とともに喜べる。

よく企業研修などで女性たちに「管理職の仕事の面白さ」を伝える時に、私はこの例を持ち出すのだが、自分の頭の中にあるアイデアをスピード感を持って形にでき、そうすることで仕事のダイナミックさを味わえる。その感覚は一社員だった時には味わえないものだ。

さらに管理職の仕事の醍醐味は「人を育てる」ということだと思う。ちょうど私が副編集長になった4月にＡＥＲＡに異動してきた女性記者がいた。彼女は素直で真面目で、問題意識の持ち方のセンスもあったし、何より頑張り屋で泣き言を言わなかった。新聞から異動してくると、取材するテーマも原稿の書き方も違うので最初は戸惑うのだが、彼女は毎週少しずつテーマの難易度を上げていっても、必死で食らいついて原稿の精度を上げてきた。こちらが「この本を読んでみたら」「この人に会ってみたら」と勧めるとそれを実行して、自分のものにしていく吸収力がすごく、彼女とチームで仕事をしていろいろな企画を一緒にやること自体がとても楽しかった。

幸せなことに私はＡＥＲＡ時代も今のビジネスインサイダーでも、こうした部下に恵まれている。私が提案したアイデアや企画に対し、はっきりと自分の意見を持って打ち返してきてくれる、また、ちょっと難易度や負荷の高い課題を与えても泣き言を言わずに努力する、そうした部下たちと一緒に仕事ができ、その人たちの成長を目《ま》の当たりにできることは管理職の仕事の醍醐味の一つだ。そしてそういう部下は、私の場合、たまたまかもしれないが、女性が多かった。

一方で、副編集長になった当初、毎日胃がキリキリ痛むほど悩んだのが、男性部下との付き合い方だった。

当時、同世代や少し上の男性の編集部員たちが何人かAERA編集部にはいた。AERA編集部では週に一度、編集長と副編集長5～6人でデスク会を開いて、次週以降の企画を決め、副編集長と編集部員の担当を割り振る。そのデスク会の後に、一緒に企画を担当することになった編集部員に「来週、こういう企画を一緒にやってもらうことになったから、お願いね」「どういう方向で記事を書くか打ち合わせしたいんだけど……」と声をかける。

一緒に組むことが決まった編集部員がその〝何人か〟の男性だった場合、私は非常に緊張するようになった。最初の頃はフランクに声をかけていたのだが、顔も向けてもらえなかったり、返事もしてもらえなかったりしたことが続いたからだ。話しかけているのに、ずっとパソコン作業をやめない人、過剰な敬語で「おっしゃった通りにいたします」と返事をする人（私が副編集長になるまで、普通に話していたのに）、中には私が立ち去った後、ゴミ箱を蹴った人もいた（その時は同僚の男性の副編集長が注意してくれた）。

今思えば、女性上司という存在に慣れていなかっただけなのかもしれないが、そんな態度が続くと、知らず知らずのうちにこちらにはストレスが澱《おり》のようにたまっていく。時には彼らの原稿の担当になると、胃のあたりがギュッと痛んだりするようになった。

すると、コミュニケーションを躊躇し、なるべく最小限のやりとりで済ませようとしてしまう。そうなると最悪だ。途中の打ち合わせも原稿が上がってきた時のやりとりも不十分だと、原稿の質にまともに影響が出る。原稿の一部を書き直してほしい時、こちらが妙にへりくだってしまったり、遠慮したり。そもそも〝出来の悪い〟原稿が上がってきても、そのことを率直に伝えられないと、中途半端なものを出すことになりかねない。とはいえ、真正面からコミュニケーションをとろうとしても、相手にはぐらかされたり、ブスッとされたりすることが続き、次第に「彼らの担当になりませんように」と思うようになっていた。私には男性をマネジメントする力がないのか、と副編集長になって1〜2年はこの悩みが一番大きかった。

これは私だけの問題ではなく、他の企業で女性管理職向けの講演などをする時、必ず出る「悩み」だ。年配の男性社員の扱いに困っている、仕事をしない男性社員に対してどうすればいいかわからない……。私自身、取材などで知り合った他社の先輩女性管理職にも相談してきた。彼女たちも試行錯誤していたが、「相手のプライドを尊重しつつ、逃げずに向き合ってみること」というアドバイスをもらっていた。ミスの指摘は必ず一対一で、他の人に聞こえないようにという具体策まで教えてくれた人もいる。

とはいえ徐々に、その〝何人か〟の男性社員に対して、そこまでやる必要があるのか、とも思うようになっていた。部下は彼らだけではないのだ。彼らにそんなに神経をすり減らして丁寧に向き合うぐらいだったら、成長意欲が高く、一緒に仕事をしていて気持ちのいい部下と仕事をしたい。その方がいい企画ができる。そう思いながらも、どうしても諦めきれない編集部員がいた。彼が書く記事はとびきり面白く、何より記者としての実力が図抜けていた。だからこそプライドも高く、一筋縄ではいかない記者だった。何度か彼の記事の担当デスクになったが、原稿の手直しをお願いするだけでも気を遣った。だが、彼と組めば面白い記事ができるはず、彼とはどうしても仕事をしたいと諦めきれなかった。

当時私は、「現代の肖像」というＡＥＲＡ創刊時代から続いている人物ルポルタージュの連載を担当していた。フリーライターやフリージャーナリストの〝登竜門〟とも言ってもらえている伝統あるコーナーで、過去には佐野眞一さんや後藤正治さんなど錚々《そうそう》たるノンフィクション界の書き手がここで人物ルポを書いてくれていた。通常は外部のライターやジャーナリストに書いてもらっている欄だが、ここを彼に〝開放〟したらどうか、と考えた。

毎週のように通常のニュース原稿も書いていた彼だが、それでも何年も同じことをしていては誰でもマンネリ感が出てくる。彼はそろそろ通常の企画だけでは物足りなさを感じ、力を持て余しているのではないか。通常の仕事はそのままのペースで進めてもらったうえで、プラスして「現代の肖像」で腕試しをしてもらったらどうか、と考えたのだ。

この上司と付き合っていれば得だ

私自身の経験を振り返っても、常に仕事のモチベーションを維持していく、ということはとても難しいと思っている。人によって何にやりがいを感じるのか、何をモチベーションに仕事をするのかは違う。ある人は社会に与える影響だったり、ある人は自分の成長実感だったり、他者からの評価だったり。もちろんお金や地位のために、という人もいるだろう。

ＡＥＲＡ時代も今のビジネスインサイダーでもそうだが、限られた予算の中でやりくりしている身としては、特ダネを連発したからと言って、即報酬を上げる、ということは難しい。もちろん記事の質はそのメディアのブランディングや評価には寄与するが、だからと言ってすぐに売り上げが伸びるわけでもない。何より、会社の給与体系は決まっているので、どんなに頑張っても、特定の人にだけ、「ボーナス弾むよ」という提案はできない。

では、マネジメントする側としては、何を提示できるのか。限られた選択肢の中で、編集長クラスの上司が提案できるものは、「やりたいと思える仕事」の機会を与えることだと思う。この人と一緒に仕事がしたいと思ったら、それは社員でも外部の人でもそうだが、自分と一緒に仕事をすると絶対に面白い経験ができると相手に思わせることだ。そのためには、それまでやっていた仕事よりも０・５歩程度難易度や負荷の高い仕事を振ってみる。本人は気づいていないが、「実はこういう仕事が向いているのでは？」という違う方向性やジャンルの仕事を提案する。そのことで本人は新たな〝得意分野〟を開拓できるように。普段から編集部員や外部の書き手の人をよく観察したり、話したりしていると、本人がどんな分野に興味を持っているのかわかってくる。むしろ本人の関心のど真ん中よりも、ちょっとだけずらした人物や分野を提案すると、作品としてはぐっといいものが出来上がってくる、と「現代の肖像」の仕事を通じて実感していた。その〝ズラし〟が０・５歩。本人が超得意とする分野の仕事を振るのは、出来上がってきたものに安定感はある代わりに想像もつく。意外性はあまりない。人によっては、これまでの蓄積だけで勝負しようとする。

なので、「現代の肖像」の仕事では、書き手が「書きたい」と提案してくる人よりも、こちらから「書いてみませんか？」と新たな人物を提案することの方が多くなった。その企てがハマった時は編集者冥利に尽きるし、書いたライター自身も新鮮な気持ちで書いてくれるので、出来上がってきた作品には勢いがあった。この経験があったので、編集部員にもそれまでの〝延長〟でできる仕事ばかりでなく、常に新しいことを少しずつやってもらうことを意識してテーマを振っていた。

「現代の肖像」を書くことを提案した件の彼は、その後、数本書いた。そのことをどう思ったか聞いたこともないし、ましてや彼から何か言われたこともない。ただ、ＡＥＲＡ

の副編集長時代、何本もの大きな特集を一緒にやることになり、最初は、原稿の手直しについても恐る恐る切り出していたのだが、何度も一緒に組むことで、こちらも言いにくい感想や手直しなども遠慮せずに言えるようになった。

力で押さえ込むことは、上司という立場を利用すれば比較的簡単だ。評価を下げることもできるし、〝おいしい〟仕事を回さない、という意地悪だってできる。だが、そうすれば表面上、部下は従うかもしれないが、信頼関係はむしろ崩れていく。

何人かの〝手強い〟部下と直面した時に、どうしたら彼らに信頼してもらえるかを考え続け、それには彼らに「この上司と付き合っていれば、得だ」と思わせるしかない、という結論に至った。男性上司なら、そのあと人事で目をかける、ということもあるのかもしれないが、私にはそんな力も人脈もない。であれば、この上司と一緒に仕事をすれば自分の原稿が良くなる、面白い企画ができる、結果、自分が成長するし、評価も高まる。それでしか彼らの気持ちを引き寄せることはできないと感じた。逆に言えば、そこに価値を見出さない部下は、私と付き合うメリットはないと考えるだろうし、実際、全く態度が変わらない編集部員もいた。それは仕方のないことだ。

これまで私が働いてきた職場の男性上司たちの中には、力でねじ伏せるタイプもいた。上司のやり方に反対すると、「お前はつべこべ言うな」と怒鳴られたこともある。だが、結果として、そんな時、自分の気持ちがその上司に対してスーッと冷ややかになるのを感じていた。

私が尊敬する経営者の1人がカルビー会長兼CEOだった松本晃さんなのだが（現・ライザップCOO）、松本さんは経営者と社員の関係は、まず経営者が社員に「give」することだと常々話している。会社と社員の関係は「give & take」だけれど、最初に会社がgiveせよ、と。松本さんがgiveしたもの、それは時間だったという。つまり働き方を柔軟にすることで、社員に時間的な豊かさを実感させる。結果、私生活が充実する。それこそが経営者のできることだと教えられた。その代わりに社員は結果を出さなくてはならない。その結果はシビアに見極めると。

何を与えられるのか。私には経営全体に関わる会社の制度を変えることはできない。給料やボーナスの額を私の一存で上げることもできない。そんなサラリーマン管理職が部下に対して与えられるものは評価と成長機会、そして働き方の選択肢だ。中でもこの上司と付き合っていれば、自分は成長できると感じてもらえることが、一緒に仕事をしようというモチベーションにつながる。それは自分自身がそうだったからだ。

私自身、上司の好き嫌いはもちろんあった。でも、この上司と仕事をすると面白い企画ができるという気持ちがやがて、その上司への敬意につながった。そして私自身が上司の立場になった時は、「黒い猫も白い猫もネズミをとる猫はいい猫だ」と自分自身に言い聞かせていた。単に自分がその部下のことを好きか嫌いか、ではなく、AERAを面白くするためには〝必要かどうか〟という目で編集部員を見ようと心がけた。自分に対して従順だったり、気の合う部下の方が付き合うにはラクに決まっている。でも、多少面倒臭い部員でも自分とは相性が合わない部員でも、この部員の力はどうしても必要、と思えば編集部に残すというのは、いいメディアを作るための私なりに導き出した結論だった。

それがなかなか会社との関係でうまくいかないこともあったが、それは第5章で後述する。パワハラなどで部下を潰す上司の記事をＡＥＲＡでもビジネスインサイダーでもよく掲載するが、そんなことをできるのはある意味〝余裕〟があるんだなあと思う。少ない人数で最大の結果を出さなければと追いつめられていればそんな〝勿体ない〟ことはできない。その人なりに１２０％の力を発揮してもらわないと、生き残れない――。当時も今もそうだ。

今ビジネスインサイダーの読者であるミレニアル世代は、「成長したい」という意欲が強い。この人と仕事をしていると自分でも気づかなかった能力を引き出してもらえる、とにかく面白い仕事ができる、むしろ上司世代は彼らから〝選ばれる〟存在になっている。特にこれから若手の労働力がどんどん減っていく中、会社が新入社員や若手社員を選ぶ時代は終わった。これからは会社や上司を若手が選ぶ時代なのだ。

3年以内で離職する20代に話を聞いていると、その最大の原因は〝配属リスク〟だ。特に大企業ほど配属リスクは大きい。希望して入った会社でも、配属先は自分で選べない。たまたま配属された部署が希望の職種でなかったら……。それでもこの上司や先輩と仕事をすると面白い！　と感じられれば会社に残るという決断をするし、たとえ希望の部署に配属されても、上司との人間関係がうまくいかなかったり、部下の意見を全く聞こうとしない〝圧迫型〟の上司だったりした場合、何のために貴重な20代にこの職場にいるのか、と自問するだろう。今の若手は〝時間〟にシビアだ。早く帰りたい、というだけでなく、この変化のスピードが速い時代に、ここの職場で自分が成長できないと感じたら、さっさと見切ってしまう。それを批判するのは簡単だが、「石の上にも3年」論はなかなか通用しない。

〝2番手〟の女

ＡＥＲＡの副編集長は計9年も続いた（途中、出産し、育児休業を10カ月取得した）。〝支えた〟編集長は、5人に上る。

副編集長の仕事は楽しく、実は一度も辞めたいとか飽きたとか思ったことはなかった。最後の1年を除いては。私自身、数字の管理が苦手で、予算を管理したり、ビジネスのスキームを考えたりする（つまり儲けるということ）よりも、手を動かして特集の企画を立てたり、実際に原稿を手直したりタイトルをつけたりする作業が何より好きだった。

5人の中で最長期間を務めた編集長は、私から見ると〝豪腕〟だった。人脈を生かして大きなクライアントを取ってきたり、ＡＥＲＡのブランドを生かしたムック事業を立ち上げたり。「とても私には真似できない」。そんな目で見ているうちに、私には編集長は無理だな、と考えるようになっていた。

副編集長時代に「『右腕の女』に抜擢されて生き残る」という特集を企画したことがある。取材をする中で知り合った女性の経営幹部や管理職の中には、経営者の〝右腕〟として、力を発揮している人がいた。大きなビジネスの枠組みを考える男性と一緒に、むしろそんな男性に一本釣りされて、その構想を実際に落とし込む実務を仕切っていた。現場を知り尽くし、社内の人間関係にも細やかな配慮ができるからこそ、社内の組織作り、適材適所への人の配置などを担当し、実行部隊のトップを務めていた。

そんな彼女たちを見ていて、こうした〝生き残り方〟もあるんだなあと思った。外資系企業では女性が企業で生き残るためには、よく「スポンサーを探せ」と言われる。自分を認め、時にはアドバイスをくれ、引き上げてくれる存在のことだ。経営層にどうしても男性が多い現実では、スポンサーは男性となる。女性だってトップを目指すべきだ、という意見もあるだろう。だが、私も含め、多くの働く女性たちを取材していて感じるのが、女性たちには地位への執着がない、ということだ。出世したい、どうしても管理職になりたいという思いがない。というよりもむしろ少しでも長く現場にいたい、現場の仕事が好き、という人が少なくない。管理職の責任の重さを敬遠していると同時に、誰かを「動かす」よりも、自分自身が「動く」ことを選んでしまうのだ。

とはいえ、私自身は副編集長になってから、管理職としての面白さを感じていた。もちろん数人の部下との関係など悩みもあったが、自分が面白いと思ったテーマの記事を部下と一緒に作れば、いくつも同時多発的に世の中に発信していける。そのスピード感とダイナミックな感じは、一編集部員では味わえなかったことだ。

とはいえ、最終的に部数や収支の責任を取る、という部署のトップの地位は、自分には荷が重いとも感じていた。だから、「2番手の女」「右腕の女」が自分にも合っていると思い込んでいた。

実際、歴代編集長には重宝されていたと思う。細かいことまで指示せずとも結果を出す。こいつに任せておけば安心、そんな人間は上司から見たら便利な存在だ。出産後も、子どもは両親に任せきりで働いた。

自分の中で、少しずつその気持ちが変化したのは、副編集長になって5年も過ぎた頃だろうか。当時6人いた副編集長の中で、以前から仲が良かった男性の副編集長との関係が、いつの間にかギクシャクするようになっていた。何が原因だったのか、今でもわからない。編集部員の数人のグループで時には一緒に旅行にも行くほど仲が良かったし、隣の席だったのに、気軽に口をきく仲ではなくなっていた。

そんな時、当時の編集長に呼び出された。私が担当していた「現代の肖像」の担当を交代してほしい、ということだった。その理由が、私とギクシャクしていた男性副編集長が担当していた連載を終了させるため、と説明された。なぜ彼の連載を止めさせるために、私が一番大事にしていた仕事を手放さなければならないのか。全く関係のないことに、釈然としなかった。

それは彼が望んだことなのかはわからない。ただ、後になって思えば、当時の編集長は私が知らないところで、彼と私を比較し、競わせていたのかもしれない。そうすることで、より彼は私を意識するようになっていたのかもしれない。切磋琢磨させることで、それぞれを成長させる、持っている力を出させる、というマネジメント手法はある程度効果を上げるのかもしれない。だが、その時の私には、「なぜ?」という理不尽な思いだけが残ったし、それまで意識したこともなかった〝副編集長の次〟が図らずも入り込んできた。

当時、AERAが属する朝日新聞出版では週刊朝日の特集記事などの大きな不祥事が続いた。社長など経営陣は一掃され、それによって玉突き人事が起きた。AERAの編集長もその影響を受けて、交代となった。AERAを発行する朝日新聞出版は朝日新聞社の子会社である。新編集長は朝日新聞の経済部からだった。

それまでも新聞の〝植民地〟のように、AERAの記者の経験がない人が編集長になる、という人事はあったが、少なくとも編集長の前に編集長代理を経験する、という〝段階〟は踏んでいた。その後、出版部門は子会社として独立し、私たち朝日新聞社に入社した人間は子会社に出向になった。親会社に戻れるとはいえ、それなりに覚悟を持って、AERAを作ってきた。個人的には、それでもまた本社の人間が来るのか、と愕然とした。

ずっと右腕でいい、2番手でいい、と思ってきたはずだった。トップは荷が重いとも感じてきた。だが、さすがに編集者の経験がない人がトップに来る人事には釈然としなかった。AERAの編集長って、そんなに軽い存在なのだろうか。誰でもできると思われているのか。当時の上司にもそう詰め寄った。

私が編集長になりたい、というよりも、この人だったら編集長として納得できる、そんな人事をしてほしい、と。だが、もちろん会社の人事がひっくり返るわけがなかった。私自身をAERAから出してほしい、とも掛け合った。だが、むしろ編集長を支えてくれと言われ、なすすべがなかった。納得いかないという想いと、このままAERAを放置できないという想い。AERA以外にやりたい仕事がなかったこともあり、編集部に残った。

若手の働く女性向けの講演で、時々この時の自身の気持ちについて話すことがある。そして、今は管理職にはなりたくない、できれば避けて通りたいと思っている女性たちにこう話しかける。

「例えば、あなたが自分よりも経験がないと感じる同期や後輩の男性が自分の上司になったら、どう思いますか？」

「例えば、あなたよりもその現場のことを知らない男性が上司になったら、どうしますか？」

と。聞いている何人かの女性たちの顔が歪んだり、グッと唇を噛みしめるような表情になる。おそらく実際にそんな経験をしている人なのか、具体的な人の顔を思い浮かべているのか。

女性たちが管理職になりたがらない理由、それはひとえに自信のなさだ。それも自分を過小に評価しすぎていると感じる。その自信のなさはどこから来るのか。一番大きいのは経験の種類と総量の少なさ。男性ならいろいろな業種を経験させられるのに、女性はある種専門職のように同じ仕事を突きつめることが多い。もう一つは期待値の低さ。会社から期待される総量がまだまだ男性に比べて少ない。

私からしたら、なぜ男性たちはその能力も伴わないのに、管理職を打診されると引き受けるのか、それも不思議だが（もちろん能力の高い男性もいる）、冷静に考えてみると、かつての年功序列のようにある年齢になればみんなが管理職になる、という仕組みの方がおかしいのだ。向いている人も向かない人もいるし、能力がある人もない人もいる。それなのにこれまでは、男性だけなぜか、ある年代になれば、一度は管理職を打診された。そのこと自体をまずおかしいと思いましょう、と女性たちに呼びかける。

さらに、具体的に想像できる気持ちやシチュエーションは、何よりも説得力がある。悔しい、という気持ちを想像できて初めて、漠然とした不安と天秤にかけることができる。そうなって初めて、「こうなりたくない」から「では、どうするか」ということが考えられるのだと思う。

管理職になりたくない理由の年代比較

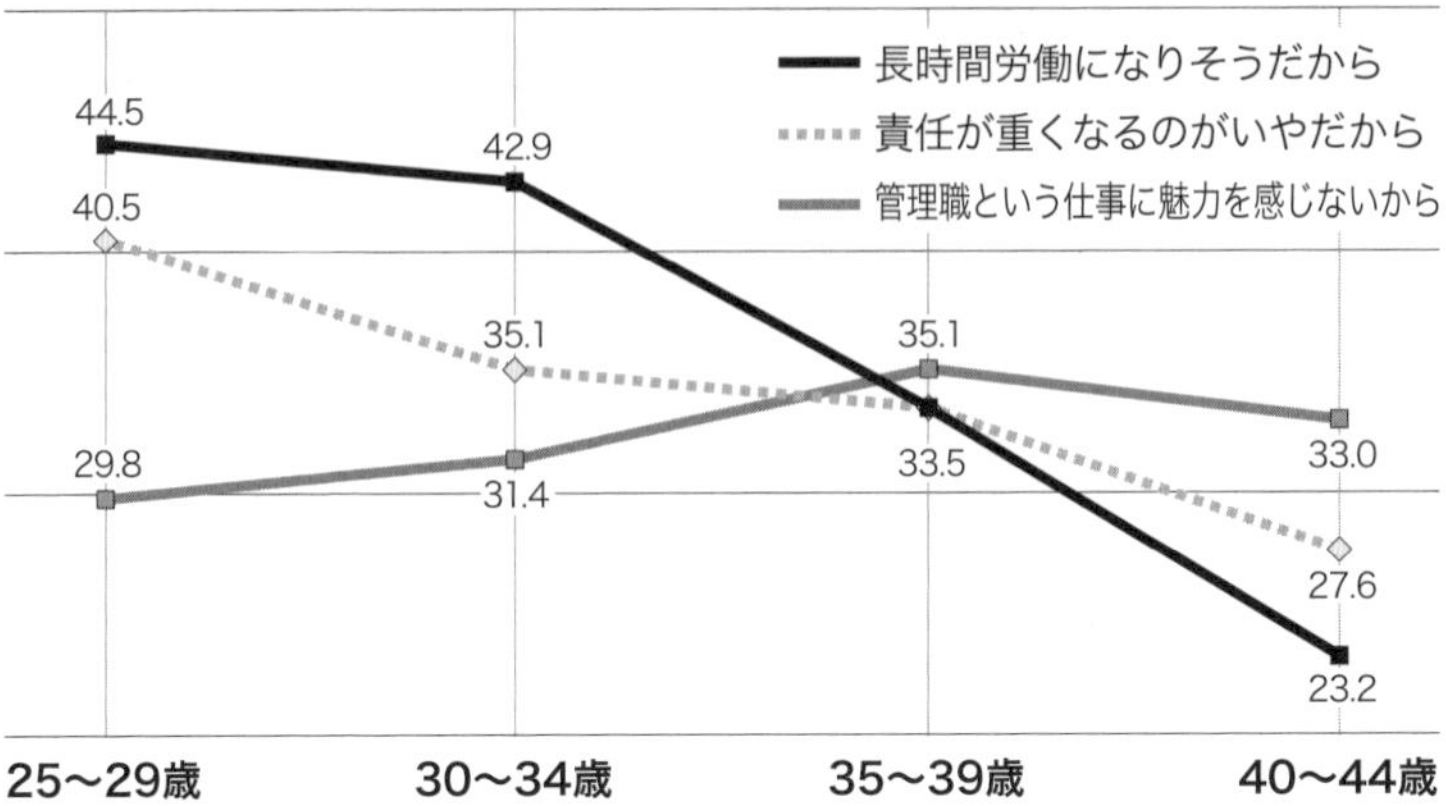

管理職になりたい理由・なりたくない理由

【年代別ランキング　トップ5】

■25〜29歳

なりたい理由		なりたくない理由	
1 年収を上げたいから	72.1	1 自分には向いていないと思うから	72.1
2 自分の影響範囲を広げたいから	36.1	2 長時間労働になりそうだから	36.1
3 管理職という仕事に魅力を感じるから	29.5	3 責任が重くなるのがいやだから	29.5
4 より影響力の大きな仕事がしたいから	29.5	4 リーダーシップを取る自信がないから	29.5
5 より責任の重い仕事がしたいから	23.0	5 管理職という仕事に魅力を感じないから	23.0

■35〜39歳

なりたい理由		なりたくない理由	
1 年収を上げたいから	69.5	1 自分には向いていないと思うから	55.0
2 自分の影響範囲を広げたいから	35.6	2 管理職という仕事に魅力を感じないから	35.1
3 より影響力の大きな仕事がしたいから	33.9	3 長時間労働になりそうだから	33.5
4 管理職という仕事に魅力を感じるから	30.5	4 責任が重くなるのがいやだから	33.5
5 より責任の重い仕事がしたいから	27.1	5 面倒な仕事が多そうだから	26.2

(出典)株式会社パーソル総合研究所(旧インテリジェンスHITO総合研究所)
別冊HITO「真の女性活躍推進に向けて」『女性の管理職意向調査』(2015)

なぜ私ではないのだろう

副編集長から編集長代理になった約1年半は、私の仕事人生で心身共に一番辛い時期だった。

編集長代理の間、何度も会社を辞めようと思った。朝、駅に行くと、ぼんやりしていて反対側の電車に乗ってしまったり、乗り過ごしたり。帰りの電車で涙が止まらなくなったことが何度もあった。

その気持ちの中には、なぜ私ではなかったんだろう……という思いが強かった。編集長の代わりに中吊りや新聞広告のタイトルを考えたり、台割りと呼ばれる特集のページ割りを考えたり、企画の人繰りを考えたり。これらは本来、それまで編集長の仕事だった。編集長の仕事をしながら、編集長にはなれない。なぜなんだ。能力がないのか。人望がないのか。能力がないと評価するなら、私を異動させればいいのに。

能力でないなら、なぜだろう。マネジメントができないと思われているから？　それまで「編集長になる」ということを強く望んではいなかったはずなのに、「手に入れられない」とわかると、なぜなれないのか、と思いつめるようになった。

そのうち、私が女性だからでは？　と考えるようになった。自分自身女性である、ということをネガティブに捉えることは絶対したくないと思っていたし、してこなかったのに、気がつくと、女性だから編集長にはなれない、というネガティブ志向のスパイラルに陥っていた。

こんな感じで、当時の編集長との関係がいいわけがなかった。彼は彼で精神的に辛そうに見えた。編集を実質仕切っている人間ときちんと会話もできない。自分の出した企画は私にＮＧを出される。当時の役員や社長から私は何度も注意を受けた。もっと編集長に敬意を払って、一緒にうまくやれ、と。だが、40代半ばにもなって、私は子どもじみた〝反抗〟をしていた。自分の態度が編集部全体にもいい影響を与えないとわかっていた。だが、どうしようもなかった。自分でもどうしたらいいのか、わからなかった。自分に対する嫌悪感がさらに苦しさを募らせた。

何度も退社しようと思った時に、励ましてくれたのは、働く女性の友人たちだった。「いつか必ずチャンスは回ってくるから」「編集長代理で終わっていいの？　これまでＡＥＲＡに捧げてきたのに」と。結果的に、１年半後に編集長になったのだが、退社を踏みとどまったのは友人たちに励まされたことが大きかった。

20代の頃、当時の上司にこう言われたことがある。

「会社員っていうのは、いい時も悪い時もある。悪い時をどう過ごすかが大事なんだ」

その時はそんなもんか、と大して気にもしなかった。若かったから、そんなことが将来自分に起こることすら想像できなかった。だが、誰だって自分が望まない部署に異動したり、合わない人間が上司になったりすることもある。その期間をどう過ごすかが大事、と言われても、いつ終わるかわからなければ、果てしなく長く感じてしまうものだ。そんな時、我慢するべきかどうか。1〜2年は短いのか、長いのか。

私には、ここで我慢していたら次に編集長になれる、という保証は何もなかった。あの状態があと半年、1年続いたら辞めていたと思う。

一方で、編集長代理として毎週毎週、辛いながらもAERAを作り続けていたことで、「自分が編集長だったらもっとこうするのに」ということも考え続けていた。それが積み重なるうちに、「何としても編集長になりたい」という欲が生まれたのも、この時期だった。

編集長代理の時に、当時の上司から「反省文」を書かされたことがあった。私が副編集長、編集長代理時代もAERAの売り上げはずっと下降線をたどっていた。なぜ売り上げを反転させられないのか。私を編集長にしたところで、このままAERAを好転させられるのか。それが不安だと言われた。もっともな不安だと思う。私が多くの企画を決めていたのだから。

さらに、その時にこう言われたのだ。

「次は編集長に、と自分は思っている。だけど、社長も含め経営層が見ているのが、あなたが編集長になって上の言うことに従うかどうかだ。それが不安なんだよ」

副編集長というのは、他の会社で言えば、課長職だ。そこから編集長という部長職になるということは、会社の経営側の一員になることなんだ……その一員になれるか、もっと言えば〝俺たちの仲間かどうか〟を試されているのか、と感じた。おそらく「反省文」は〝踏み絵〟なのだろう。あなたたちの言うことに逆らわず従います、という。内容よりもそれを書くかどうか、試されていたのだと思う。

ここまでしなければ編集長になれないのか……。その一方で、男性はそうやって〝忠誠〟を尽くしてきたのか、とも思った。書くべきか、どうか。何人か他社にいる女性の部長や役員の友人たちに相談した。

「売り上げが下がったのは当時の編集長の責任で、私にその反省を求めるのはおかしい。書くべきではない」

何人かはこうアドバイスしてくれた。だが、私が敬愛する大手企業の女性役員からはこう言われた。

「会社では、常に正しいことが通るわけではない。正論ばかりでなく、政治力をつけることも必要だよ」

自分が成し遂げたいことのためには多少理不尽と思うことも我慢したり、誰が自分のやりたいことを応援してくれるのかを見極めて、味方にしていったりすることが大切だと。

その時、私はどうしても編集長になりたかった。そして反省文を書いたのだ。

正論と政治力。このバランスは非常に難しい。

詳しくは第5章に書くが、会社という生き物は、組織を守るために時として個人を切り捨てることがある。東芝のように〝犯罪〟にならないまでも、常にその時に何を最適解として選択するのか、マネジメントや経営ということは、その選択と決断の連続だなあと思う。ＡＥＲＡというたった30人ほどの組織を束ねている時でさえ、そう感じていた。本来であれば、個人の幸せややりがいと、会社やその部署が目指す方向が一致することが望ましい。それが誰にとってもハッピーな形だ。

だが、そんなことは滅多になく、ＡＥＲＡにとって最適解でも、それが会社全体にとってはマイナスになることもあるし、個人にとってベストな選択が編集部全体を考えると、うーん、と悩んでしまうことも多く、結局、いつもその間での調整をする、ということが管理職としての仕事の大きな部分を占めていた。優れた経営者や管理職とは、この個人と組織のベストな状態の方向性を一致させられる人なのだと思う。

〝男組〟へようこそ

話が少し逸れてしまったが、正論と政治力に話を戻そう。私は編集長になるまでこの二つを対立するもの、として捉えていた。

例えば、編集長になったばかりの頃だった。社長以下経営層と、各編集部の編集長や部長職が集まる部長会という会議が週１であった。社長からの言葉があり、各編集部の売り上げや管理部門からの予定などが淡々と発表される。30分ほどで終わり。編集長になりたての頃、その報告に対して質問したり、「もっとこうした方がいいのでは」と意見を言ったりしていた。何回か出席した後、上司から「あそこはさ、議論をする場ではないから、意見を言わないように」と言われた。えーっ!! だった。AERAの記事で、散々「無駄な会議」という特集を組み、意見を言わない、ペーパーを読むだけの報告だけの会議は無意味だと何度も書いていた。議論して何かを決めない会議は無駄だと。

会議のやり方一つとっても、これまでも違和感を持った人はいたと思う。でもおそらく少数派だ。多くの人が慣れた手法と前例を前に、黙って30分を過ごすことを選んだ方がラクだ。私も「意見を言わないように」と言われて、あえて「そんな会議、無駄じゃないですか?」とは言わなかった。

だが、その後ずっと考えていた。あそこで、もう少しこの会議を活性化させるという提案をしていたら、と。結果的に、私が編集長の間はそのスタイルは変わらなかったが、その30分の時間がもったいない(部長会がある日は校了日で、1週間でもっとも忙しい日でもあった)と、代理に出席を任せることも増えた。

昨今日本ではダイバーシティの必要性が叫ばれているが、何のためにダイバーシティが必要なのか、その本質を考えている組織はどのぐらいあるのだろうか。この事例はたかが会議なのだが、私が編集長になった時に一気に他の編集部でも女性の編集長が生まれ、部長会の中には4人の女性がいた。女性だけでなく、他社からの中途入社の部長も増えていた。ずっと続いていた会議のあり方に、誰かが疑問を呈して、「もっとこうしたら、この会議自体が意味あるものになるのに」という提案をしていたら。

ダイバーシティとは、そういうことではないかと思う。

長年続いてきた手法や社内慣習を、それまでのインナーの人間だけで変えるのは非常に難しい。そもそもそのあり方自体に疑問を持ちにくいし、持ったとしても言い出しにくい。前例や慣習を知らない、そこに染まっていない人間が入り、違和感を覚える。そこであえて空気を読まず口にすることで初めて気づけることがある。それができるのは、それまで会社の主流にいなかった女性たちや若手、そして外国人や中途入社の社員など。要は「男村」の人間以外を入れるほど、異を唱えられる人間は増える。自分たちだけでは組織ややり方をアップデートできないからこそ、こうした〝外来種〟を入れることが必要なのに、今起きていることは、まずは女性活躍の号令に従わなければならないと女性管理職の数は増やしているものの、その女性たちに〝インナーになれ〟ということだ。そして、その圧力に負けて、いや、むしろ喜んでインナーになる女性たちがいることも事実だ。

女性だったら、全て会社の方針やこれまでのやり方に反対しろ、と言っているわけでは決してない。でも、明らかにこれまでに非効率、理不尽、不可思議な会社のルールや文化があるのなら、それに対して「NO」と言えるのは、これまで非主流だった女性や若手、外国人、中途入社組しかいないのだ。だからこそ、時に恨まれても煙たがられても、この役割を担うという覚悟が求められるのだと思う。そして、会社もそのために女性や若手を登用するのだ、という覚悟を持たなければダイバーシティは単なる数合わせに終わってしまう。本来、女性管理職はどんどん違和感を口にする、むしろ空気を読まずに、〝正論〟を言う炭鉱のカナリア的な役割を期待されるべきなのに、その違和感を口にすると、周囲から浮いてしまい、討ち死にしているケースをよく聞く。

ある大手企業の役員になった私の友人（女性、40代）は、役員になった際に社長から「男組へようこそ」と言われたという。入社以降、周囲の男性から「お前は男だから」「オレたちの１００倍やったら評価してやる」と言われ、１００％ミッションに答えられることを目指し、「男性たちに精神的に支配されていた」と語る。上を目指そうとすればさらに〝男組〟に深く入らなければならないというのが、今でも多くの日本企業での暗黙のルールなのだ。そうしたこれまで組織にいなかった女性や若手、中途社員を増やすことで自分たちのやり方を見直すことなのに、そうはなかなかなっていない。

討ち死にするのは、社内に〝仲間〟がいないからでもある。女性管理職は会社の中で孤独だ。管理職になった途端、しかも部長職以上ならなおさら、見渡すと、自分が率直に悩みなどを話せる仲間がいなくなったと感じる。女性管理職の数が少ないという背景もあるが、そもそもそれまで「縦の関係」で会社の中をサバイブしてこなかったことも大きい。見渡すと今の40代以上の男性社員たちには、親分子分の強い縦関係が存在する。自分が以前所属した部署の上司が異動したらそこに引っ張られた、会社の新規プロジェクトなどに推薦してくれた上司がいた……こんな経験、女性はあまりしていないのではないだろうか。それがより強固になると、いわゆる〝派閥〟と呼ばれるものに発展する。

だが、女性でそういう〝派閥〟的なものに属している、という人にあまり出会ったことがない。一方で、何度か人事異動の際に男性と話をすると、自分を引き立ててくれる上司の存在をにおわされたりし、目に見えない縦のネットワークの威力には勝てないなあ、と感じていた。

さらに言えば、タバコ部屋や夜の飲み会、週末のゴルフなどの機会も重なり、男性は職場を超えてその関係をより濃くしていく。だが、女性、特に子どもがいるワーキングマザーになれば、夜や週末にそうした社内人間関係の輪に参加することすら難しい。若手の女性からは、大事な打ち合わせをタバコ部屋でされ、タバコを我慢してそこに入っていく勇気がなければ、打ち合わせにすら参加できないという声を聞いた。私自身、相談事があって、当時の編集長を夜、飲みに誘ったが、「社内のルールで、異性の部下と2人で飲みに行ってはいけないんだ」と断られたことがある。社内セクハラ防止のために設けられたルールだったが、一方でこのルールは、女性の「機会の喪失」につながるのではと感じている。もちろん夜の飲み会でなく、昼のランチや業務時間中に時間をとってもらえばいい話なのだが、まだまだ飲み会の席で〝絆〟を強める、というのは男性が多い会社ではよくある話だ。

社内の横のネットワークを

ＡＥＲＡの時も今も、こうした時間的制約が仕事上のディスアドバンテージにならないように、注意を払ってきた。自分のため、というよりも、それによって優秀な人材が能力を発揮できないのはもったいない、と思っているからだ。そんなもったいない〝使い方〟をするほどの余裕がない、と言ってもいい。小さい所帯では所属する編集部員に〝フル〟に働いてもらわないと、メディアの運営ができない。

でも、働き方は柔軟にできても、男性たち（だけでなく、時間を気にせず働ける人たちと言ってもいい）が時間を気にせず張り巡らせる社内ネットワーク、そしてそのネットワークからもたらされる社内情報をキャッチすることやその代替手段を見つけることは、なかなか難しい。男性を中心とする縦のネットワークに代わるものは、何だろう……なかなか答えは出なかった。

２００９年頃、こんなことがあった。ＡＥＲＡの副編集長時代に、朝日新聞社内で女性読者向けのプロジェクトを考える横断チームに呼ばれた。残念ながら、その時のチームでは新しいプロジェクトを立ち上げることはできなかったのだが、そのブレストの時に、私自身がＡＥＲＡのコンテンツを海外に販売できないかと考えていることを話した。

出版市場が縮小していく日本で、このまま紙の週刊誌を作り続けていくことにはいずれ限界が来ると思っていた。だが、ＡＥＲＡのニュースコンテンツは、その企画の先見性や切り口など、日本を越えて海外でも通用する普遍性があると自負していた。というのも、日本で社会課題になっていた未婚化や介護離職の問題、若い世代の収入格差、さらには親世代との世代間格差などは、いずれ中国やアジア諸国でも問題になるだろうと確信していたからだ。日本が課題先進国であることを逆手に取り、だったら、日本のこうしたライフスタイル、働き方や世代問題などを多く特集していたＡＥＲＡの記事は、何年か後の自分たちの問題だとして読まれるのではないか。

実際、中国の出版社、電子書籍の会社などに出向いて営業もしたことがある。中国では政治やマクロ経済に関する海外の記事をそのまま出版することは難しいが、ライフスタイルに関する記事であれば、可能性はあると思ったのだ。そんな話を社内のプロジェクト会議で話したと思う。

それから数カ月経った頃だろうか。朝日新聞社で中国・上海の出版社が発行している「外灘画報」という高級週刊誌と提携する話が持ち上がった。２カ月に一度、24ページほどの日本特集を作るにあたり、その制作を朝日新聞社が請け負うことになったという。そのプロジェクトの社内担当者が、私がＡＥＲＡのコンテンツを海外に販売できないか、と話していたことを思い出し、日本特集の制作をＡＥＲＡでできないかと持ちかけられた。海外に自分たちのコンテンツを出せるチャンス！　これはやるしかない！　私はとっさに「やります！」と答えていた。

編集長からは、通常のＡＥＲＡの誌面の仕事はこれまで通りにやること、私一人でフリーランスのライターと作るから編集部内には迷惑をかけないことを条件に、ＯＫをもらった。朝日新聞社を通じて制作費も入るので、少しは収益にも貢献できる、とも説得した。

中国の日本への関心の高まりを予想し、広告費も当て込んで始まったプロジェクトだが、途中、尖閣諸島問題や東日本大震災を挟んで中断しかけたりと、予測できない事態に振り回されることもあった。だが１年あまり、中国向けの日本特集のページを作った経験は、何物にも代えがたい。２カ月に一度は実際、中国の編集部を訪ねて編集会議に参加したことで、経済的に彼らが発展していることを体感できた。副編集長の20代男性は、家の家具や小物を全部無印良品で揃えているほど、無印ファンだった。下北沢の古着屋や目黒通りの中古家具屋の情報にも詳しく、中国の若者たちの日本の情報への渇望感もまざまざと感じた。

その体験もさることながら、自身のビジョンや夢を社内で口に出せば誰か聞いてくれている人がいる、ということを実感できたことが大きかった。ＡＥＲＡは出版の一部署であり、さらに２００８年には出版部門が朝日新聞社の子会社となったことで、本社の情報が入りづらくなっていた。この中国プロジェクトは朝日新聞社の広告の部門が中心だったので、このプロジェクト以降、広告部門に何人か知り合いができた。その人たちを通じてこれ以降も、ＡＥＲＡにいくつもの一緒にできないかという広告のプロジェクトの相談が持ち込まれるようになった。

よく、仕事は何をやるかよりも、誰とやるかが大きいと言われるが、その部署に「話せる」人間がいるかどうかは、社内横断的なプロジェクトを進める際や新規の事業を立ち上げる時にとても大きな意味を持つ。あの人だったら、この話に乗ってくれそうとか、この話を面白がってくれるのではないか。そう思われると、社内からいろいろな案件が持ち込まれたり、情報も集まったりする。私にとって、中国プロジェクトはその始まりだったと思う。以後も社内の横断的なプロジェクトを聞きつけると、メンバーに入れてもらえないか交渉した。

女性管理職の方に講演する機会をいただいた時には、この話をすることにしている。縦のネットワーク、親分に恵まれない女性たちは、とにかく社内の横のネットワークを広めること。そのためには社内プロジェクトや勉強会に積極的に首を突っ込むこと。これであれば、夜の飲み会に出られなくても社内人脈を広げられるよ、と伝えている。この横のネットワークに私はその後もどれだけ助けられたことか。特に大企業、大きな組織で働く人には、社内ネットワークをどれだけ持っているかが、自身のキャリアだけでなく、自分の部署の業績を上げたり、人事で欲しい人材を取ってきたりするのに有効だ。

この中国プロジェクトには後日談がある。この時の中心だった部長が、のちに新聞の編集局長に就任した。別にだからといって、私に何か特別目をかけてくれた、ということではない。ただ、折に触れていろいろな企画を相談させてもらった。朝日新聞社での最後の

1年、私は総合プロデュース室プロデューサーという新しい職に異動になった。新聞にいたのは、入社して最初の4年だけ。それも地方支局しか知らない人間にとって、新聞のお作法はわからないことだらけだった。だが、むしろ知らないからこそ、しきたりを無視してできたことがあった。

２０１６年秋、社内の女性記者有志から3月8日の国際女性デーに、女性特集を組みたいという相談を受けた。＃ＭｅＴｏｏ運動が盛り上がる前だ。それまではジェンダーや女性差別の特集が新聞の中で大々的に特集されることは珍しかった。その後はテレビ朝日の女性記者に対する財務事務次官のセクハラ事件で改めて問題になったが、新聞社やテレビ局は今でも圧倒的な男性中心社会だ。その中で女性やジェンダーに関する記事を通すことが非常に難しいという声は、それまでにも度々後輩の女性記者たちから聞かされていた（だからこそ、ＡＥＲＡのようなメディアが目立ち、存在価値もあったのだが）。

だが、この時は社内の女性記者有志10人ほどが、日本で女性が抱えている生きづらさ、働きにくさをどうしても可視化したいという。中心にいたうちの2人はそのとき育休中だったのだが、女性記者たちの勉強会に赤ちゃんをおんぶして参加していた。みんな待機児童だけでなく、新聞社内の長時間労働など、自分ごとの問題として女性問題を捉えていた。

声をかけてくれたこの若手の女性記者とは、朝日新聞が従軍慰安婦問題で揺れている時に知り合った。彼女が社内の女性たちや若手社員にアンケート調査をしているのを知ったからだ。「女性×働く」、ということにとても意識が高く、かつ行動力もあった。アンケートの時に、「何か手伝えることはないか」と私から声をかけた。以来、折に触れて情報交換をしていた。

女性記者たちの熱意に触れて、彼女たちよりも10年以上社歴が長い私にできることは何だろう、と考えた。たまたまその時のポジションは役員などと話ができる立場だったこと。さらに先の中国プロジェクトでお世話になった人が編集局長だったので、特集の内容は彼女たちに任せて、私は社内上層部の説得の任を負った。紆余曲折を経て、無事紙面化されたのだが、その時たまたま編集局長が知り合いだった、しかも以前に一緒に仕事をしていた人だったということは、大きかったと思う。企画の採否に影響した以前に、私が話を持っていける人かどうか、全く知らない社内の〝エラい〟人だったら、そもそも私の話を聞いてくれたかどうかもわからない。その人を知っているか、その人が持ってくる話や情報がどの程度のものなのか、その人がどんな仕事をするのか。そこが通じているかどうかは、社内で物事を通す時に決して小さいことではない。

役職が前提のネットワークは、その人がその役職を離れてしまえば途切れてしまうことも多い。だが、利害関係のない、ただ「面白いことを一緒にやろうよ」と集まった横のネットワークは意外と強い。利害関係がないからこそ、気持ちや価値観でつながっているとも言える。そして、そもそもこうしたフラットな横のネットワーク作りは、女性は本来得意なのではないか。

私自身、「2番手でいい」と思っている時期は長かった。編集長になった後も、もちろんやりがいはあったが、売り上げや少ない人数でどうやって現場を回していけばいいのか、常に胃がキリキリ痛むことも多く、責任の重さにむしろ苦労の方が多かった。だが、編集長の後、1年間プロデューサーというライン管理職ではない立場になってみると、実際の人事権や裁量権がないことが、どれだけ仕事の幅を狭くするのかと気づいた。会社の中で何か物事を動かそうとしたら、自分がどれだけの人を動かせるか、自分の意思で決定できる裁量権があるかが、非常に大きいのだ。編集長の時は労務管理や予算の管理などが苦手で、「あー、こういう仕事がないポジションに就きたい」と思っていたのに、それがなくなってみると、結局自分で〝決められず〟、誰かの判断を待たなければならないことは、スピード感を持って仕事を進められない、ということも実感した。

求められる共感型上司

今日本では、これまでの男性中心の強固な組織が機能しなくなっている。考えてみれば、これまでのある年齢になれば、男性なら順番に管理職になっていた時代の方がおかしい。能力の有無、マネジメントの適性は男性だからあるわけではない。

右肩上がりの成長が続いていた時代には、それまでのやり方を踏襲し、それを強力に推し進めていく〝オレ様〟型上司が適していた。だが、先の見えない時代では、むしろこれまでのやり方を疑い、常に新しい手法を模索する人でないと、新しい価値観は創造できないのではないか。そのためにも、会社の中のこれまでのしきたりとは無縁な女性たちが試行錯誤した方が、思ってもみなかった可能性を引き当てることもあると思う。

どこに新たな〝芽〟があるかもわからない時代には、広くボトムアップで意見を聞ける人、多様な人とフラットに付き合える人の方が、管理職には向いていると思う。私がAERAの編集長時代に、何人もの副編集長がいたが、編集部員と丁寧にコミュニケーションを取っているのは、女性の方が多かった。まずは部下の言い分を聞いて、そのうえで、編集部全体の方針を理解してもらうまで話すという作業を地道にしていたと思う。もちろん性別だけでは測れない。男性でも丁寧にコミュニケーションをしている人はいた。だが、何かあれば飲みに誘い、人間関係を酔いの力を借りて作る、という手法をとる女性は少ない。上司と部下はあくまでも目の前にある仕事を通じて、その仕事をよりよくするための関係なのだと思っている。仕事を通じて上司が信頼できれば、それが一番理想の形だ。

そして、これまでの前例や成功体験が通用しない時代だからこそ、ぐいぐい引っ張るオレ様型上司よりも、丁寧にコミュニケーションを取り、対立する意見を調整できる共感型上司がこれからは求められる。その共感型が得意なのはむしろ女性ではないのか、と思うのだ。これからの時代、求められるのはむしろ女性上司なのではないかとさえ思う。部下の自立を促し、自主性に任せ、それを後押しするように応援する。そういう上司に私自身なりたいと思っている。

私がＡＥＲＡの編集長時代にある女性記者を副編集長に引き上げる時に、一度は断られた（その理由などは詳しく第4章に書いた）。そのことをカルビー会長兼ＣＥＯだった松本晃さんに話したところ、松本さんにこう言われたのだ。

「浜田さん、本当にやりたくない人なんておらん。それは浜田さんが本気で口説いてないからや」

私も編集長になりたての頃、私自身にもまだこうマネジメントすればうまくいく、という確信もなかったし、その女性部下が子育てとの両立を不安に思っている時に、どうバックアップすればいいのかもわからなかった。自信を持って、「あなたならできるよ」と言い切ることができなかった。そんな私を見て、彼女は不安だったのだと思う。

本当に彼女に副編集長をやってほしいのであれば、全力で口説き、彼女が仕事しやすいよう、全力でバックアップすればいいんだ、という松本さんの言葉で腹が決まった。その後、彼女には保育園の迎えに間に合うように帰っていいこと、全員で彼女がデスクワークを続けられるように協力すること、それを編集部員全員にもお願いすることなどを話し、副編集長を引き受けてもらった。副編集長になった彼女は、他の副編集長以上の質・量の仕事をこなした。部員からの信頼も厚かった。

彼女が副編集長になって1年後に「管理職になってよかった？」と聞いたことがある。彼女の答えはこうだった。

「なって良かったと思っています。何が楽しいかと言えば、自分が編集部員だった時は、どんなに頑張っても記事にできる本数は限られていた。でも何人もの編集部員と仕事をすると、自分が面白いと思っている企画をどんどん形にできる。そして、編集部員が自分のアドバイスによって、よりいい取材をし、面白い記事を書いてくれるようになる。それが面白いです」

と。これこそがまさに管理職の醍醐味というか、やりがいだ。

なので、少し厳しいことを言えば、「若い女性たちが管理職になりたがらない」と嘆いている企業は、本当に「本気で」女性たちを管理職にしようとしているのか、もう一度振り返ってほしい。かつての私がそうだったように、本気で管理職にしたい女性がいた場合、どうしたらその人に120％の力を発揮してもらえるのか、突き詰めて考えれば、「管理職に挑戦したい」という女性たちは増えるだろう。

なぜそんなにその女性たちだけを優遇するのか、という不満も漏れてくるかもしれない。でも、その女性たちを管理職にした方が、自分の部署、会社にとってプラスになると思うなら、それは多少〝優遇〟しても管理職にした方が結果に結びつく。それはむしろ合理的な判断なのではないだろうか。かつて男性たちは男性である、というだけで順番に管理職になっていった。それなのに、なぜ女性たちは女性であるというだけで、子どもがいるというだけで高いハードルを課せられなければならないのか。多少のゲタを履かせることが、むしろこれまでの男性上げ底社会を修正するためにも必要なのだと思う。

そして、今は管理職に就くことを躊躇している女性たちにも、是非伝えたい。仕事の面白さを味わうには、管理職に一度はチャレンジした方がいいよ、と。人は誰でも同じ仕事だけしていけば、いつかは飽きる。誰にだって成長したいという思いはある。１段でも階段を上ると、見える風景も入ってくる情報も、人間関係も変わる。そうなった時、仕事はよりダイナミックに進められるし、達成感も大きくなると思う。

ぜひ１人でも多くの女性たちに挑戦してほしいと願っている。

「働き続けたい」意思の世代間格差

特別対談

国保祥子《あきこ》×浜田敬子

1976年生まれ。博士（経営学・慶應義塾大学・2011年）。専門は組織マネジメント。静岡県立大学経営情報学部准教授。株式会社ワークシフト研究所所長、育休プチMBA代表、厚生労働省イクメンプロジェクト推進委員（2017〜2018年）。主な著書に『働く女子のキャリア格差』（ちくま新書）。

「続ける」ではなく「辞めない」選択のアラフォー

浜田：私は1986年に施行された男女雇用機会均等法の施行後に就職した、いわゆる〝均等法世代〟です。金融機関で総合職の採用が一気に増え、同級生も総合職で就職していきました。ですが、今、見回してみると、働き続けているのは、ほんの一部です。

私たちが就職してすぐにバブルが崩壊、一気に女性の採用は抑えられ、就職氷河期は女性の方をより直撃しました。さらに、まだ育休などの「働き続ける」仕組みも、女性たち自身にも「ずっと働き続ける」という気持ちも「未整備」で、均等法はできたものの、女性が「働き続ける」ということが想定されていなかったように思います。95年入社の総合職は15％しか会社に残っていないという内閣府の調査結果もあるほど、働き続けた女性は〝特殊な人〟か〝絶対働く〟と決めた人という印象です。

私たち世代（均等法世代）とその下の今のアラフォー世代、さらにその下のアラサー世代との仕事に対する考え方の違いをなんとなく感じていて、なぜこの意識ギャップが生まれるのか、『働く女子のキャリア格差』を書かれた国保さんに是非聞いてみたいと思ったのです。

国保：働く意欲の違いには10年おきのグラデーション、ジェネレーションギャップがありますね。

私は今42歳ですが、育休中に知り合った均等法世代は、「働く意思を固めた人」という印象でした。一方で、今の30代は「続ける」というよりも「辞めない」という選択です。「働き続けたい」という意思が強固であるとは限らない、という感じです。だからこそ働き続けているものの、このままでいいのかなという揺らぎがあり、それが悩みや辛さに直結している気がしています。

浜田：仕事を続けるか辞めるかのどちらかしかなかった均等法世代は、働き続けるためにはどうすればいいのか、という発想でした。アラフォー世代以降が迷いながらも仕事を続ける、会社を「辞めない」という選択をするのは、会社の両立支援などのサポートが手厚く「辞める理由がない」からですか？

国保：続けるためのハードルは相対的に下がっていますね。育休制度があるから育休を取得し、時短制度があるから時短制度を利用して、結果として働き続けているけれど、そこに明確な意思がない場合も多い。何のために働き続けるかが相対的に明確になっていないまま働くので、例えば保活（保育園に入園するための活動）などのハードルに直面すると、何のために働くのかを見失ってしまい、くじけやすいようです。

浜田：国保さんたち世代は10歳下のアラサー世代との違いを感じていますか。

国保：30代は私たちとあまり変わらないと思っています。でも、20代前半は明らかに違う印象です。20代の方が、むしろ働き続けたいという意思が強いと感じます。男性の生涯年収が下がってきている中で、食べさせてくれるはずの夫の可能性の低さが見えてきているからか、共働きがデフォルトなのです。稼ぎのいいパートナーを見つけたいとも思うけど、その可能性がどれくらいあるのかも冷静に考えています。

あとは、大学生世代と話すと、親が反面教師となっているケースが多いです。特に男子が、育児に関与してこなかった自分の父親みたいになりたくはないと感じていますね。女子も、仕事をしていないことで家庭内地位が低い母親には憧れない。働き続けられるかの不安はありながらも、働きたい意思があるのが20代だと思っています。

浜田：でも、キャリアを積んで管理職になって……とまでは思っていないのでは？　20代を取材しているとそう感じます。それはどの世代にも共通することですが。

国保：キャリアを積みたい、昇進したいと思っている人は少ないと思います。キャリアを積みたいと感じるかは、就職後に具体的にその状態がイメージできるかどうかにかかってくると思っています。社内にそういう存在がいなくても、自分の周りにそのような世界が広がっているかどうか。社外でもいいので知る機会があるかどうかではないかと。

浜田：国保さんたちが主宰する育休プチＭＢＡ参加者（出産後の復職を睨んで限られた時間内で仕事の成果を出すために、経営学の基礎知識や思考法をトレーニングするプログラム）には、リーダー層やマネジメント層に挑戦したい女性が多いのですか。

国保：よくそう言ってもらえるのですが、実はそうではないのです。学んだ結果として管理職志向が高まることはありますが、最初はむしろ働き続けられるかという不安、復職してうまくやっていけるのかという不安があるから参加する人が多いです。管理職は自分に難しいかもしれないが、働き続けたい。でも不安が多いという層が多数派。若干根が深いのはその層に、通常のＭＢＡ学位コースでも十分やっていける東大卒、大学院卒など高学歴の人もいることです。

浜田：女性たちの自信のなさ、自信過少問題は根が深いと感じます。本来能力がないわけではないのに、不安ばかりが先立ってしまうという。

国保：自信のない女性たちは、若い時に挑戦的な業務をやっていないケースが多いようです。平常業務では自分の能力はわからない。挑戦的な業務をやると自分はここまでできる、これはできないと気づける。若いうちに挑戦的な業務に取り組み、それを評価されていないと、自分の能力を正確に把握する機会がないのです。

浜田：それは本人の問題でもあるでしょうが、企業側の問題でもあると思います。企業もそもそも女性に期待していないのでは。

国保：統計的差別ですよね。『働く女子のキャリア格差』にも書きましたが、調べていくと女性は構造的に成長する機会を失いやすいのです。例えば、管理職の育成を研究している松尾睦さんは「管理職としての成長に影響する要因は挑戦的な業務経験であり、その経験の獲得にはそれまでの業務経験、上司の支援、高い目標志向性が影響する」と述べています。

でも、女性は若い時はそこまで責任を負わされなかったり、叱られなかったり、さらには育休や時短制度などで、多くの経験をしにくい構造に置かれている。周りに女性管理職が存在しなければ、自分はずっとヒラ社員のままなのかなと、目標も低くなります。結果、今のままでいいという女性が増え、会社側も支援しなくなってしまう。成長機会がますます与えられなくなるのです。

上司にも問題があります。女性部下を成長させるには、キーマンに会わせる、大事な打ち合わせに同行させ、観察させるなどの機会が必要ですが、活躍した女性の姿を見たことのない上司は、こうした機会を女性ではなく男性に与える傾向にあります。

浜田：ちょっとした機会の損失が積み重なるうちに、女性は成長機会を逃してしまい、それが自信のなさにつながっている感じですよね。私もいろいろな企業で女性管理職向けの講演をさせていただくことがあるのですが、よく聞く悩みは「社内のネットワークがない」ということ。男性に比べ、ジョブローテーションで経験している職場の数が少ない。

男性は飲み会や休日のゴルフなどで直接の上司と強固な〝縦のライン〟を築いていきますが、女性は社内に横にも縦にもネットワークが少なく、管理職になった後、悩みや疑問を相談する人もいなくて孤独だという声を聞きます。実際、私も管理職になりたての頃はそうでした。何かを実現したいと望んでいても、根回しもできないという状態です。

国保：真正面から行くとどうしても玉砕しやすいですよね。それも、こうやって物事を通すのだという上司の支援があれば変わる。無意識だと支援が男性に偏るので、意識的に介入して、女性が支援される機会を作る必要があると思います。

何処かで活躍している女性を見た経験がある上司は、「サポートするからやってみなよ」と女性に言えるし、そうすると女性も頭角を現してくる。

浜田：女性自身が意識を変えるには何が必要なんでしょう。

国保：まずは学習ですね。知識を得ることは、自分でできることの一つです。知識があれば、リーダーを任された時にはこういうことをやったらいいのだということがわかります。育休プチＭＢＡの受講者からよく聞くのは、自分の仕事の範囲だけをやればいいと思っていたのが、学ぶことで上司視点に立てるようになったら、もっと多くを求められていることがわかったので、自分で領域を広げるようになった、ということです。さらに上司に交渉して、他の領域からも仕事を取ってきて自分から仕事を作ることができると、仕事が楽しくなると。そのためには、上司目線を学んだり、ある程度の知識があったりする方がやりやすい。

浜田：逆に不安がなかなか解消されない人はどういう人ですか？

国保：肌感覚の話になりますが、「女性は家のことをしっかりしなくてはいけない」という意識が強い人は、両立不安が大きいと思います。ただ、今私が手掛けている研究では、これも学ぶことで変化する可能性が示唆されています。

浜田：先ほど国保さんは、今の大学生世代は親を反面教師としていると話されましたが、私は最近の大学生世代と話していると、女性は専業主婦の母親の影響が相当大きいと思っています。むしろ母親のような生き方に憧れるというか。これを変えるのは大変だなと思っています。その母親世代は、まさに私と同じ世代なんです。自分たちが働き続けられなかった世代です。

国保：確かに、大学生と話していると、働くことに対して不安が少ない人の多くは、働くお母さんに育てられている。「当然働くでしょ」という感覚を持っています。親が専業主婦だと子どもを持ちながら働き続けるということがどういうことなのかわからず、不安になるし自信も持てないのではないでしょうか。私も母親が働いていたので、女性が働くことに関して疑問はなかった。だから、娘のためにも自分も働いていたいと思いますね。

浜田：〝辞めない〟世代は、辞められないからこその悩みが多いとおっしゃっていましたが、制度が整ってきたのに、自身や周囲のジェンダー意識が変わっていないので、自分の中で引き裂かれている感じでしょうか？

私の後輩たちを見ていると、40歳前後が一番苦しんでいると感じます。子育ても家事も

■昇進を望まない理由

昇進を希望しない理由については、女性では「仕事と家庭の両立が困難」「自分の雇用管理区分では昇進可能性がない」「周りに同性の管理職がいない」が男性に比べて割合が高くなっている。

課長以上への昇進を望まない理由（複数回答）【一般従業員】

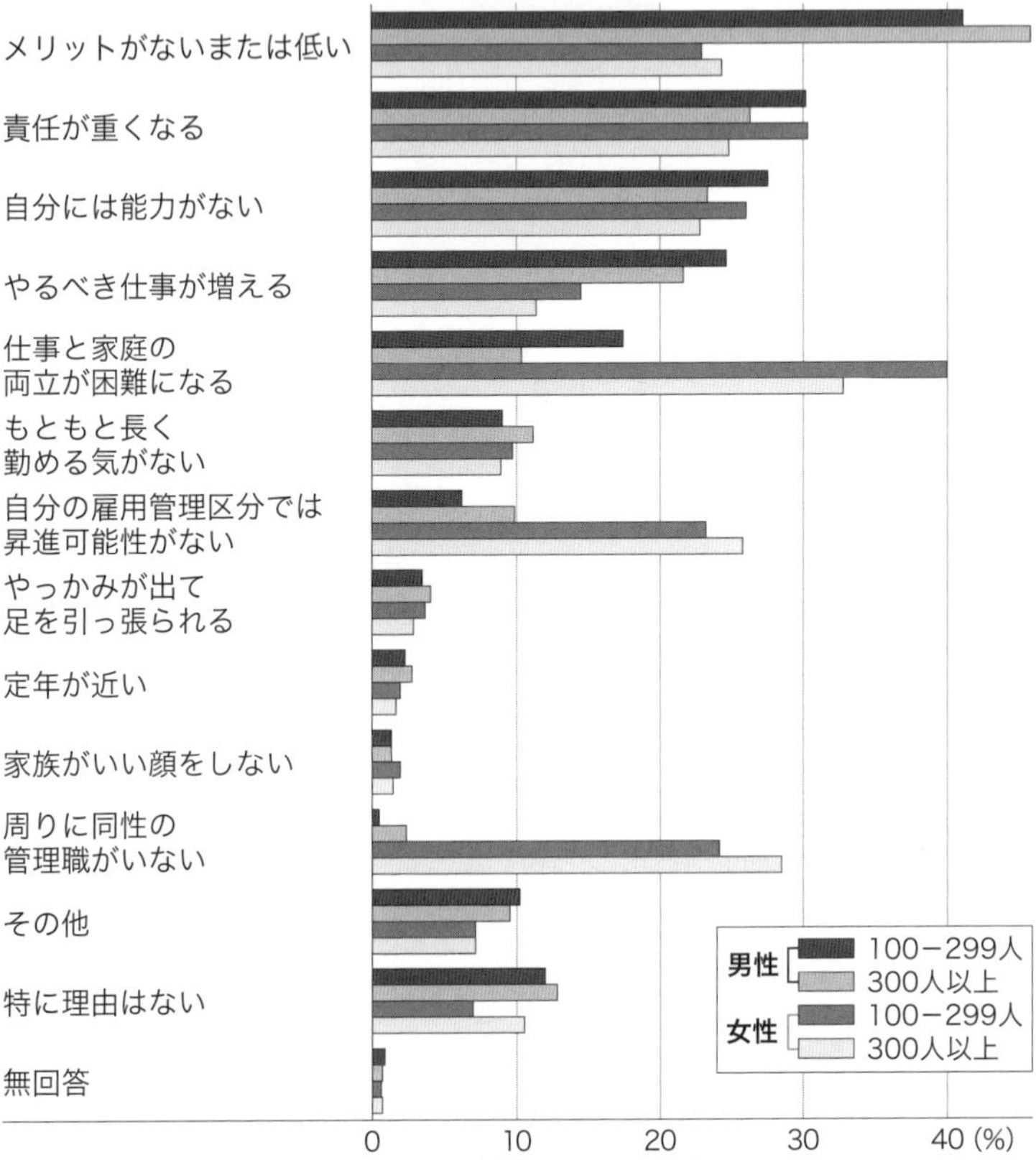

資料出所：JILPT「男女正社員のキャリアと両立支援に関する調査結果」

■ 昇進希望と仕事のやりがい

男性も女性も、仕事のやりがいや達成感を感じられることが昇進希望を持てるかどうかに影響。特に女性は、組織への貢献や、働くことへの誇り、能力発揮を感じられるかどうかが、昇進希望を持てるかどうかに強く影響。

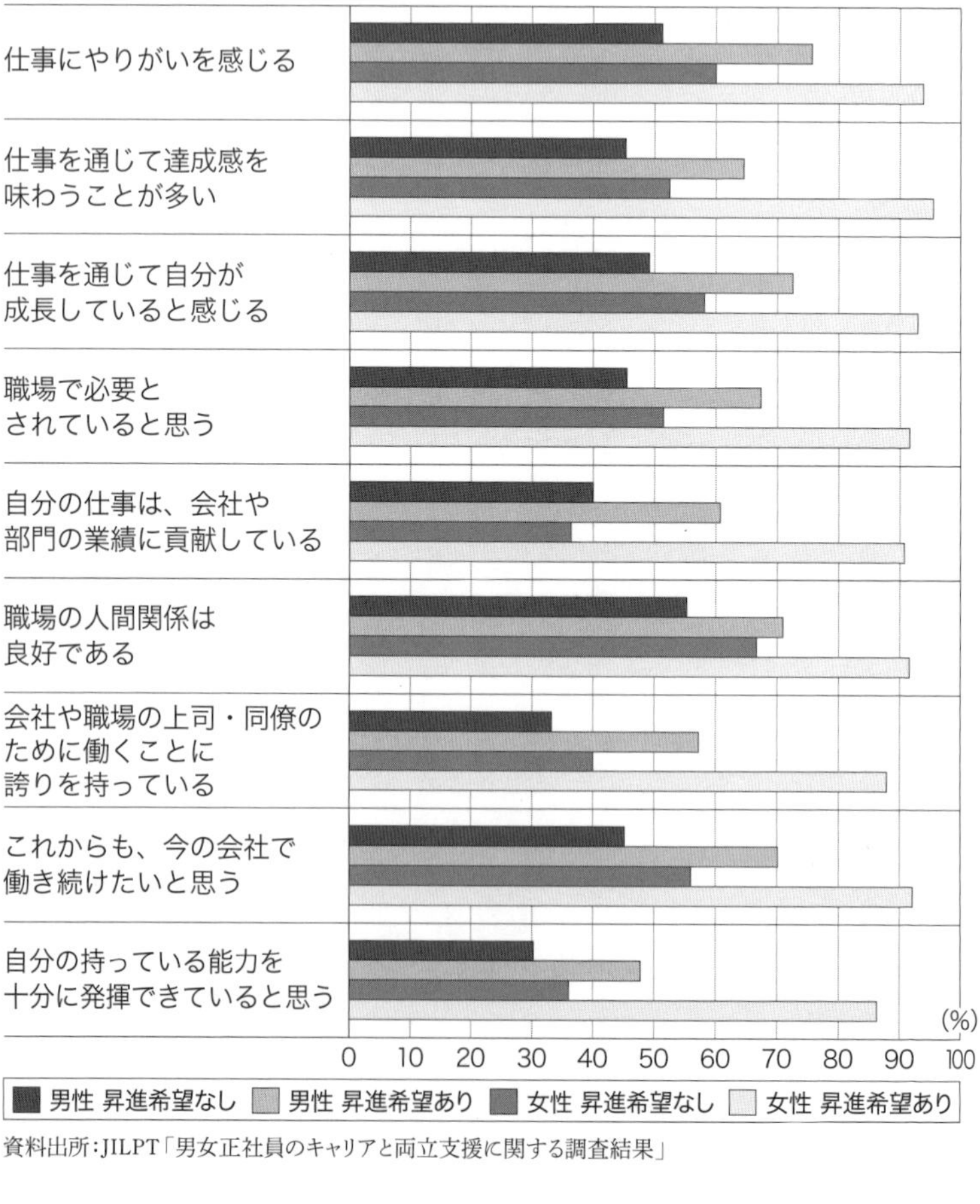

資料出所：JILPT「男女正社員のキャリアと両立支援に関する調査結果」

昇進希望と上司の態度との関係

上司が「自分に高い目標や課題を与えてくれる」か、「自分の成長・活躍を後押ししてくれる」かどうかが、昇進希望を持てるかどうかに影響。

昇進希望別・一般従業員の課長相当職の上司との関係

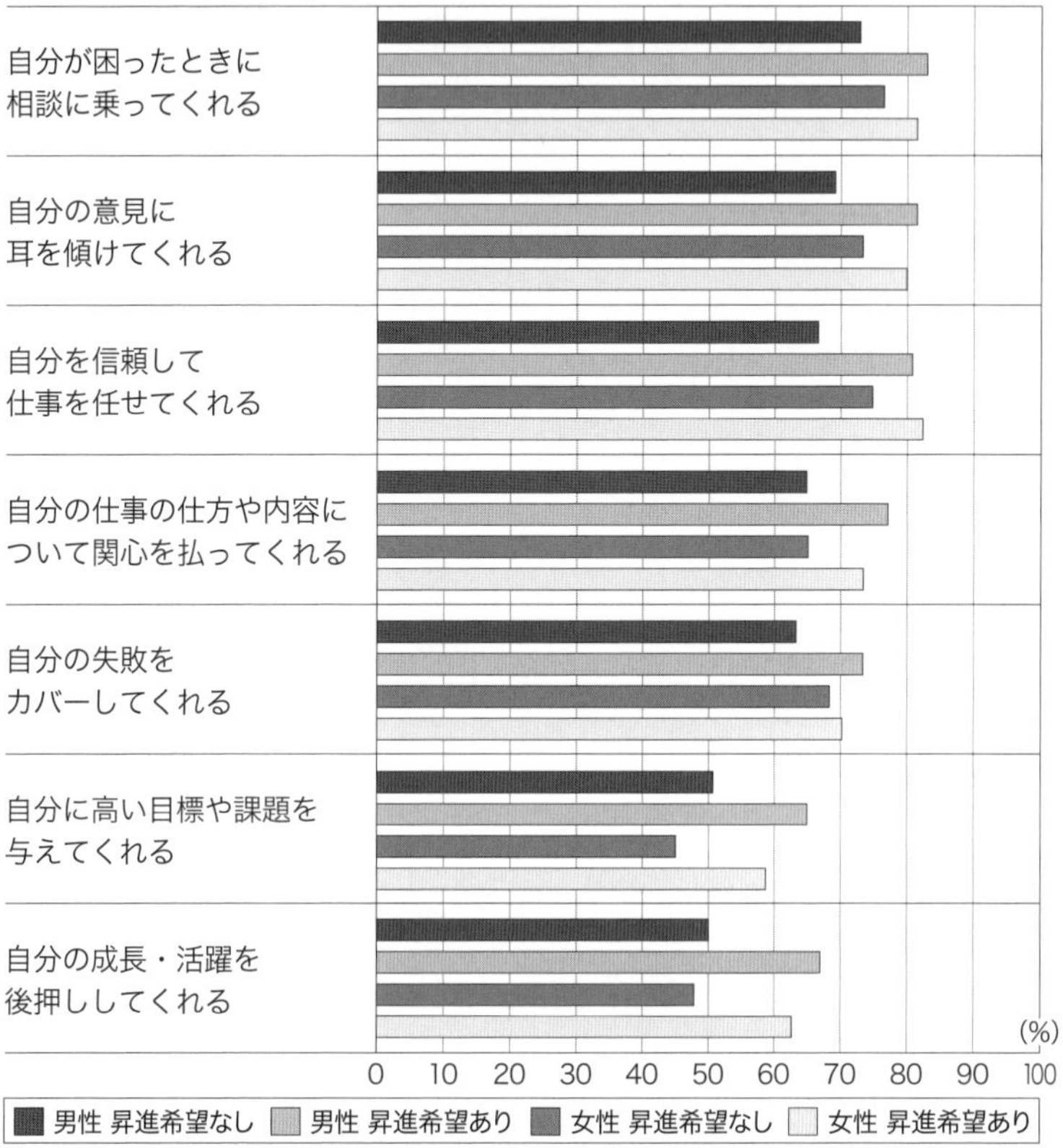

※課長相当職の上司：現在の課長相当職の上司（上司に課長相当職の者がいない場合は、直属の上司）
資料出所：JILPT「男女正社員のキャリアと両立支援に関する調査結果」

ちゃんとしなくちゃ、という思いがあって。男性側の意識もまだ変わってない世代。私たち世代が、家事はお金を払って外注したり、子育てはシッターを頼めばもっと楽になるよ、と言っても、そこの割り切りがなかなかできない、というより「したくない」人が多いと感じます。

国保：結局は自分に問うしかないのだと思います。自分の気持ちがどこからくるのか。自分は「こうしたい」と「こうしなきゃ」のギャップがある人は苦しいし、そこが重なっていれば専業主婦でもワーキングマザーでも幸せだと思います。親世代のモデルにとらわれず、「自分」が本当にやりたいことは？　と内省する機会が必要かなと思います。

出産前の仕事の経験値

浜田：話は変わりますが、先ほどの自信過少問題。企業や上司の責任もあると言われましたが、企業もインセンティブがないと女性に任せにくいですよね。男性に任せた方が早い、文句も言わずにやる、となると、短期的にはその方が結果も得やすい。企業がもっと「女性に任せてみよう」と考えるには、何が必要でしょうか？

国保：女性、特にワーキングマザーは制約が多いですが、働くモチベーションは高いし経験もある。制約はないけどモチベーションも低いという男性よりは、実は環境次第でいくらでも戦力になるのだ、ということに企業が気づけばいいと思います。ただ制約があるので、それに対しては配慮や支援をしなくては、諦めて意欲が下がり、ただの「ぶら下がり社員」になっていきます。私は「ぶら下がり」は職場が作ると思っています。

制約はあっても意欲のある女性たちに、やりがいを感じられるような挑戦的業務をさせれば、彼女たちは結果を出すのです。企業は試す価値はあると思います。

浜田：挑戦的業務に腹落ちしました。自分自身が働き続けられた理由として、20代で仕事を任せてもらえたことは大きかったと思います。そんな上司に巡り合えるか、がポイントですね。

国保：そう思います。私自身も20代に大きな仕事をやらせてもらいました。出産する前に、仕事は面白いという経験をしていないと、制約を抱えてからも頑張ろうと思いにくいのは仕方ないのではないでしょうか。

浜田：「辞めない」か「働きたい」かの差は、出産前にした仕事の経験値が大きいということですね。

国保：とはいえ不安は大きいです。その不安は、「出産前と同じ成果は出せないのでは」というもの。でも、それは意識の問題です。育休プチＭＢＡの参加者の話を聞いていても、本心はやりがいのある仕事をやりたい。でも、制約のある私には不可能、だから望んではいけないという感覚を持っています。

私も出産前にはパフォーマンスは落ちるだろうから、前線にはいけないと思っていました。ロールモデルの先輩が、時間は８割でも成果を維持できると体現していた姿を目の当たりにしたから、出産にも踏み切れた。彼女に出会ってなかったら、そこそこに働いて満足する「ぶら下がり」になっていたかもしれません。

浜田：そこが均等法世代との違いですね。私たちは何が何でも出産前と同じにしなきゃ、と思って、親に実家を売ってもらい、一緒に住んでもらって子どもの世話をしてもらうなど荒業を使う。100パーセント以上の仕事をしなきゃ戻れないと思い込んでいたし、事実そうだった。「制約」があることは職場には感じさせないように必死でした。でも、それは無理がありますよね。子育てを100パーセント誰かに丸投げに近い形で仕事を維持してきたのは、自然ではないと思っています。

そこを後輩世代は見抜いていたんだと思います。私が山口から親を呼び寄せれば、二つ下の後輩までは北海道から親を呼び寄せました。でも、10歳下になると変わります。親の人生を変えてまで働きたくない。親には親の人生がある。さらに「自分でできる限り子育てをしたいんです」と言われた時には、「え？　え？」という感じで、ものすごいショックでした。これまでずっと手取り足取り仕事を教えてきて、自分の〝クローン〟のように思っていた後輩にそう言われて。最初は正直「裏切られた」という感覚もありました。でも、徐々に私自身の考えが変わったんです。もう自分たちの世代のやり方は通用しないんだ、と。彼女たちの方が数も多いので、そちらに合わせるしか、多くの女性が働き続けることはできないんだと。

国保：私が個人的に思うことは、均等法世代で働き続けた方の中には、子どもを産むことを諦めた人もいらっしゃっただろうし、子どもを産まなかった人たちへの社会的プレッシャーはすごかっただろうと思います。上の世代がそれに耐えてきてくださったおかげで、今の私たちの環境があると思っています。

浜田：私自身がマネジメントしていた時に気づいたのは、独身や子どものいない人たちは会社に対して制度などを変えてほしいと「声を上げにくい」ということでした。自分自身にも子どもがいて、ＡＥＲＡでもビジネスインサイダーでも、両立の難しさや悩みは記事にしてきました。ワーママ（ワーキングマザー）の悩みは保活、待機児童など社会課題と密接に結びついているから、主張できることがたくさんある。でも、彼女たちの時間制約の部分を日々の仕事でカバーしているのは、独身や子どものいない人たち。彼ら彼女らは、主張できる機会が少なく黙々と働くしかない。正直、この人たちがいるから職場が回っている部分はあると思います。

国保：デートが理由では帰れないですから。でも、そこにちゃんと光を当てるべきですよね。

浜田：家族の病気や介護があった人も、「なんかおかしい」と思って、こちらから聞くまでは何も言いませんでした。

国保：先日、私のインタビューがヤフーニュースに掲載されたのですが、コメント欄にはワーママたちを職場でフォローしている人たちの不満が渦巻いていました。「フォローしている人たちの身にもなってほしい」と。ワーママの支援だけでなく、その周りの人たちに報いていくことは、必ずセットで考えていかなければならないと思います。

第4章 ワーママと罪悪感

ばあばのうちには行きたくない

その日は突然にやってきた。

2017年8月。1週間の夏休みを取り、娘の友達家族と一緒にタイ旅行に行き、また私と夫は仕事に、娘は塾の夏期講習に通う日々に戻っていた時だった。

5年生になり、中学受験を意識して塾に通い始めた娘は、夏休みや冬休みなど長期休みになると、午前中は塾の講習に通っていた。昼には一旦、マンションの隣室に住む私の両親の家に〝帰宅し〟、昼ご飯を食べ、午後は祖父母の家で宿題などをして過ごす、そんな日常を送っていた。

それが突然、

「もうばあばのうちには行きたくない」

と言い出したのだ。

ワーキングマザー、ワーママにとって小学校に上がった長期休み中の子どもの〝居場所〟確保は大きな問題だ。小学校に入学する前までは、年末年始と週末以外は保育園という居場所があった。その最も頼りにしていた預け先が、小学生になった途端なくなるのだ。親がいない昼間、子どもに何をさせるか、どう過ごさせるかは本当に悩ましい。うちの場合、低学年のうちは、学校と通っていた保育園の学童保育をはしごさせたり、英語の塾のサマースクールやサマーキャンプを早くから申し込んだりするなど、パズルのように綱渡りのスケジュールを組んだ。子どもができるだけ飽きないよう、できれば夏休みの絵日記の材料ぐらいにはなるように。厄介なのはせっかくお金を使うのだから、「何か身につけてほしい」という親の欲望が混ざることだ。

それでも私にはベースとして、同じマンションの隣室に住む私の両親の家があった。昼間は学童保育など日々変わる場所に通う娘も夕方には祖父母の家に〝帰宅〟し、夕飯を食べる。いざとなれば昼間も預けて娘をみてもらえる、という安心感があった。娘が年齢を重ねるにつれて、祖父母と一緒に過ごすことは彼女にとっては物足りない時間になっているとはわかりつつ、それでも常に預け先を探さなくていい、頼めばいつでも預かってもらえるという安心感と〝効率の良さ〟は、私が仕事を続ける上でなくてはならない安全装置になっていた。いつまでもこの安全装置はあって当たり前、そんな気持ちもあったと思う。

塾に通うようになり、少なくとも長期休みの午前中は居場所ができただけでなく、勉強もしてくれる。もちろん本来の役割とは違うとわかっていたが、塾は働く親にとってありがたい存在だった。半面、長い休みのほとんど、朝9時からビッチリ勉強し、学校の宿題に加えて、毎日塾の宿題もあるという日常は、せっかくの休みなのに思いっきり遊べなくて可哀想だなあという思いもあり、午後は友達と遊んだり、一緒に宿題をしたりしてもいいよ、と伝えていた。

隣室に両親が住んでいるという環境の私は、ワーママとしてはもっとも恵まれていたと思う。娘が生まれて約10年間、ほぼ私の両親に子育てを〝丸投げ〟してきたからだ。最近になってよく、「浜田さんの仕事と子育ての両立方法を教えてください」と言われるが、とても「両立している」とは言えない10年間だった。

学校がある時期も、娘は基本的に祖父母の家で過ごしていた。宿題を済ませ、夕ご飯を食べ、お風呂も済ませる。彼女にとって両親である私たちと一緒に過ごせる時間は、朝起きて保育園や学校に行くまで。私か夫が帰るのは娘が9時から10時の間に寝た後。両親との約束は、彼らが寝る11時までには娘を迎えに行く、というだけ。小学校高学年になり、40キロ近くなった娘を抱えるのはかなりきつくなっていた。ぐっすり眠った子どもはさらに重く感じる。それでも隣室からの移動なので、小学校時代はこのまま育児丸投げ生活をなんとか続けられるものだと思っていた。いや、そう思いたかったのかもしれない。他の選択肢を考えなくてもいいように。

その丸投げ生活が娘の5年生の夏休みに突然、終わりになるとは思ってもいなかった。

気配を消すワーママ

私は2004年に副編集長になり、その2年後に出産した。夫も同業の新聞記者。当時、社内で私が知る範囲にいたワーママは10人もいなかった。朝日新聞社内には総数としてはもっといたと思うが、子育て社員のネットワークなどもなく、そもそも誰が子育てをしながら働いているのかもよくわからなかった。今でこそ人事が復職前にセミナーを開いたり、両立させるための知恵や悩みをシェアする社内メンター制度なども整えたりしているが、当時はまだ誰が一体どうやって子育てをしながら記者や編集という仕事を続けているのか、見えない状況だった。お手本にできる社員は同じ出版の部署で働く数人のケース。その先輩ママ社員たちにベビーシッターの見つけ方などを聞き、手探りで復職後の両立方法を考えるしかなかった。

なぜ子育て社員は見えにくかったのか。それは彼女たちが社内で気配を〝消していた〟からだと思う。子育て中ということをむしろ周囲に悟られないように。

朝日新聞社という会社は、社内結婚や同業結婚が多い。今でこそメディアの職場にも、「働き方改革」という言葉が少しずつ浸透し始めているが、記者や編集者は夜遅くまで時間を問わずに働くのが長い間当たり前と思われてきた（今でもそう思っている人が少なからずいる）。配偶者も同じような勤務環境であれば、当然これまでと同じ仕事を続けるためには、誰かに育児を任せることが前提、それができなければ編集や記者職から外れても仕方ない、という空気があったし、実際出産後、一線の記者職を離れてしまった女性記者の事例が目立っていた。

私が育休から復職して数年経った頃だったと思うが、同期の女性記者が退職した。彼女は社会部で警視庁や国土交通省などを担当していた。たまたま校了日に乗ったハイヤーの運転手からこんな話を聞いたことがあった（新聞社では深夜勤務する社員のためにハイヤーを用意、同じ方角に帰る社員を相乗りさせ帰宅させている）。

私が彼女の同期だと知ると、

「○○さんは本当にすごいですよ。毎日夜討ち朝駆けを欠かさず、家に帰ってから朝迎えのハイヤーが行くまで、2〜3時間しかないですからね。シャワーを浴びて少ししか寝てないんじゃないですかね」

と教えてくれた。

新聞記者の伝統的な取材方法としての「夜討ち朝駆け」。警察や検察、政治家、経営者など昼間なかなか時間を取ってもらえない人やオフレコでしか話が聞けない人に、直接取材した事実をぶつけたり、他社に気づかれず取材したりするために、当事者の自宅まで出向き、出勤前や帰宅後を狙う。政治部や社会部、経済部などでも当たり前のように続いている取材手法だ。彼女は社会部の事件記者が長かったので、その生活を何年も続けていたのだと思う。初の女性社会部長になるのでは、と密かに応援もしていた。

その彼女が退職したのは、結婚がきっかけだったと別の同期から聞いた。彼女が社内報に残した退職の言葉にはこんなことが書いてあった。

「朝日新聞が大好きでした。でも私には二足のわらじを履くことは無理なのです」

その言葉を見た時に、胸の奥がギュッと締め付けられるようだった。

直接彼女から話を聞いていないので想像するしかないが、彼女はいずれ出産を考えた時、以前のように24時間近く仕事に自分の時間を使えなくなることを恐れたのではないか。夜討ち朝駆けをし、特ダネ競争の最前線で体を張る取材ができなくなったときの記者としての自分の価値は何だろう、と考えたのではないだろうか。


2017年夏、ある一人の女性記者が脚光を浴びた。東京新聞の望月衣塑子《いそこ》記者。菅義偉官房長官の会見で、森友・加計学園と安倍政権との関係を追及する姿が話題になった記者だ。私はビジネスインサイダーで彼女をインタビューし、記事にした。その時つけたタイトルは、「子育てしながら権力と対峙する」。彼女は当時、単身赴任中の夫（他の新聞社勤務）にも頼れない状況、いわゆる「ワンオペ」で2人の子どもを育てていた。その状況で、最も各社が特ダネ競争にしのぎを削る現場でなぜ取材できるのかは、インタビューで知りたかったことの一つだった。

望月さんはもともと社会部の事件記者だった。だが、2人の子どもの出産を経て働き方を変えた。当時、上司だったデスクのアドバイスもあり、専門性の高いテーマを持つことで、昼夜問わず働くことができなくなった自身に新たな付加価値をつける方法を選んだのだという。そしてもう一つ、昼間開かれる記者会見で食い下がって質問すること。つまり午前9時から午後6時の間で勝負すると決めたのだ。

ビジネスインサイダー（ＢＩ）の記事からその想いの部分を引用する。

ＢＩ：政治部、社会部を問わず、会見で闘わず、情報は朝や夜やオフレコ懇談などで取ろうという発想になりがちです。オープンな場でどんどん質問をする望月さんのような人はあまりいなかったのかもしれません。

望月：２人の子どもがいて、同業者の夫も単身赴任中ですから、時間に制約がある中では、時間をかけて裏に回ってという手法が取れません。一方で、武器輸出の取材を通じて（浜田注：彼女が出産後に自分の取材テーマとして選んだのが「武器輸出」だった）、表でどんどん聞いて書いていくやり方もあるなということが分かってきました。遅くなる日もありますが、午前9時に仕事を始めて午後6時ぐらいには切り上げ、子どもを迎えに行くというサイクルで働いています。

一線を引いて言うべきことを言えないような関係が、政治記者と政治家の間にあるのではないかと思っています。（編集部注：政権への影響力が強いと言われる読売新聞グループ本社代表取締役主筆の）渡辺恒雄さんの本を読んでいても、かつての政治記者はもっと政治家に厳しかったのに、いまの政治記者にはそれを感じません。アメリカのホワイトハウスみたいに、もっと丁丁発止でやればいい。すこしでも政治、そして日本がいい方向に向かうといいと思っています。

深夜だろうが、早朝だろうが、休日だろうが、ニュースは場所と時間を選ばない。それに24時間対応でき、デスクから呼ばれたらすぐに反応できる記者以外は「使えない」。望月さんはそういう慣習に一つの風穴を開けた。彼女には、そんなワーママ代表のような意図すらなかったのだと思う。だが、時間制約でやむを得ず、追い込まれ、選択した手法が、これまでの新聞社の働き方だけでなく、取材手法や記事のあり方にも一石を投じることになったのではないか、と思っている。

〝時間評価〟と〝過剰配慮〟

話を少し戻そう。２０００年代は出産した女性記者は、政治部、経済部、社会部、国際報道部などの日々のニュースを追いかける編集以外の部署に異動になる人がまだまだ目立っていた。編集局にいたとしても夜討ち朝駆けを必要としない部署に集まっていたように思う。会社全体が意図的にそうしていた、というより、彼女たちの上司たちの意向だろう。結果的に、「集められている」ように見えた。

２０１７年、朝日新聞社は早期退職を大々的に募ったが、退職を選んだ人の中には、子どものいる女性社員も多かった。そのうちの一人に退職の理由を聞いたところ、10時出社の部署で9時に出社し、どれだけ仕事を頑張ったとしても、定時より1時間早く帰ることで「半人前」と見られ、この先のキャリアの展望が見えない、子どもとの時間を犠牲にしてまで働く意味が見出しにくい、と話していた。別の女性は、

「私たちが早く帰るために必死で働いている横で、おじさん社員はお茶飲みながら新聞読んでるんです。それでも彼らは定時までいるから、〝制約社員〟と見られない、それを見ると本当に腹が立つんですよ」

と言った。

ここ数年、出産する女性記者たちが一気に増え、出産後に政治部や経済部、社会部などにもポツポツ配置されるようになった。復職した女性記者が社会部で「時間限定」のデスクに登用されるケースも出てきた。それは彼女たちが限られた時間の中で成果を出してきたからだと思う。

徐々に子どものいる女性社員や記者に対して、露骨に「使えない」と口にすることを躊躇せざるを得ない環境にはなってきているが、新聞社のカルチャーの中には、働いた時間、働ける時間が多いほど「使える」「デキる」人間という評価はまだ根強いと思う。

実際、私がＡＥＲＡの編集長時代に子育て中の女性記者を副編集長に登用しようとしたところ、上司から、

「○○は子どもがいるのに大丈夫か。できるのか」

と言われたことがある。その人の能力や適性でなく、働ける時間の長さでその人物を評価すると、こういう発言が出てくるのは自然だと思う。

ここで重要なのは「大丈夫か」という発言だ。「無理じゃないか」とは言わないのだ。一見、配慮しているように見える発言。本人に打診をする前から、彼女たちの可能性を狭めてしまう〝過剰な配慮〟は「使えない」思想の形を変えたものだ。「使えない」ではなく、「使えるように」にどうすればいいのか、真剣に向き合おうとしない上司や職場に、やる気もあって能力もある出産後の女性記者たちは絶望して去ってしまう。

こうした〝時間評価〟〝過剰配慮〟上司は男性ばかりとは限らない。

ある復職したばかりの女性記者がこうぼやいていたことがある。

「デスク（女性）が夕方4時、5時になって、新しい仕事や原稿を振ってくるんですよ。こっちはお迎えがあるから、6時には会社を出られるように朝から計画的にめちゃくちゃテンパって仕事しているのに。せめてあと1〜2時間早く言ってくれたら……」

そして彼女が本当に気にしているのは、その後のことだった。夕方に振られた仕事に対して、「お迎えがあるから、ちょっと……」と口ごもると、その女性上司は、「あ〜」と小さくため息をつくのだという。確信犯的にそういう表情をしているのか無意識なのかはわからないが、その女性記者は毎回その表情を見るたびに居心地の悪さを感じるという。

毎日早く帰らなければならない、そのために夕方以降のニュースに対応できない。そのことに対し、周囲が思っている以上に本人たちは「申し訳ない」と思っている。だからこそ、周囲のちょっとした言動や仕草、表情に非常に敏感だ。仮に、その女性上司がうっかり仕事を発注したとしても、

「あ、そうだったね。お迎えあったのに、ごめんね」

と明るく言えるような関係であったら、彼女はどんなに気がラクになるだろうか。

「できません」と言うのが怖い

私は朝日新聞社に入社した時点からＡＥＲＡ志望だった。入社した１９８９年の前年に創刊されたＡＥＲＡは、それまで「ザラ紙」と呼ばれていた週刊誌とは全く違うスタイルだった。カラーページが多く、ビジュアルを重視し、選ぶテーマも国際ニュースなどが中心、「日本の『タイム』や『ニューズウィーク』を目指す」と謳っていた。支局勤務を経て、最初に配属された週刊朝日での仕事もとても面白く、これぞ週刊誌という醍醐味を味わったが、ずっと「いずれＡＥＲＡに」と異動希望は出し続けていた。

ある日、週刊朝日編集部の先輩記者にこんな忠告を受けた。

「浜田さん、いずれ子どもを産みたいってオープンに言っているよね。それ、言わない方がいいよ。（当時の「週刊朝日」の）編集長がＡＥＲＡへの異動話をする時に、先方の（ＡＥＲＡ）編集長に『でも、浜田は子どもを産みたがっているんですよ』と言っている

らしいよ」

当時の編集長の言動、それが事実だったかどうかはわからない。確かめもしなかった。ただ、私はそれ以来、出産に関する発言を軽々しく口にしない、と決めた。先輩の言葉が本当だとしても、おそらく当時の上司が特別悪意に満ちていたわけではない。１９９０年代、会社や上司の「出産」に対するイメージはそういうものだった。

思えば朝日新聞社の入社面接の１次面接でこう聞かれた。

「結婚や出産をしても仕事を続けるつもりですか」

３人並んだ真ん中の著名な女性記者からの質問だった。

「もちろんです」

今だったら、この質問自体ＮＧだろうが、当時の私は憧れていた新聞記者、それも第１志望の朝日新聞社に入社できるのなら、という思いばかりが募っていた。具体的に出産後も仕事を続けるということ、記者や編集者として働くこと、男性中心の長時間労働が当たり前の職場で、子育てと仕事を両立させるということがどういうことなのか、全く考えていなかったし、そんな情報すらなかった。

今の女子学生たちが「幻の赤ちゃんを抱いて」症候群と言われるように、まだ就職前から出産後の働き方や子育てと仕事を両立できるのかを研究し抜いて就職先を選んだり、不安に思ったりするのに比べ、当時はなんと無邪気だったことか。

ニュース週刊誌である週刊朝日やAERAでは、夜討ち朝駆けをしなければならない取材は滅多になかった。とはいえ、毎週もしくは隔週で数ページの特集記事を書かなくてはならない。締め切り前日はほぼ徹夜で記事を書き、校了日はそのまま深夜までというサイクルで働いていた。副編集長になってからは毎週木曜、金曜の校了日は深夜まで机に張り付いていた。校了時間の設定が夜なので、編集作業はどうしても深夜に及んだ。

妊娠中もそのサイクルで働いていた。出産する予定だった産院の医師は、妊娠中の健康管理に非常に厳しい人だった。私が39歳という高齢での出産であること、さらに自然分娩を望んでいたこと、その希望を叶えるためには当たり前の厳しさだったと思う。バランスのとれた三食をきちんと取ること、一日3時間歩くこと、残業しないことなど、健診のたびに繰り返し注意されていた。校了日には日付が変わるまで働いている、とはとても話せなかった。

「せっかく妊娠したのに、何かあったらどうしよう」と不安がなかったわけではない。深夜2時ぐらいに大きなお腹で帰宅用のハイヤー乗り場に行った時には、周りの人にギョッとされた。幸い妊娠初期につわりがひどかった以外は、経過は順調だったが、今思えばこんな無茶な働き方をして、無事出産できたのは幸運だったとしか言いようがない。

体調が良かったから、ついつい働いてしまっていたというのとは、少し違うかもしれない。私は「できません」と言えなかった。妊娠しているから勤務に配慮してほしい、担当するページも少なくしてほしい、早く帰れるようにしてほしい。そう願い出れば、当時の編集長はきっと応じてくれたと思う。だが、私はそう言い出すことで「使えない」と思われることが怖かったのだと思う。自分自身、妊娠しても出産しても、以前と同じように働ける、いやもっと働けると思いたかったし、思われたかったのだと思う。大好きなニュースの現場で「戦力外」と認定されることが、何よりも嫌だった。

当時、ＡＥＲＡ編集部には子育て中の編集部員は１人いるかどうか、という状態だった。数少ない彼女たちは、なるべく子育て中という気配を感じさせないよう仕事をしていた、私にはそう見えた。今のように「お迎えの時間だから帰ります」と明るく言える雰囲気はなく、彼女たちは保育園に迎えに行く日はひっそりと帰り、夕方や夜の仕事、出張を振られた日、また締め切りの日には、ベビーシッターを雇ったり、夫や親に役割をスイッチして乗り切っていたのだと思う。先輩からは新幹線のホームで実家の両親と待ち合わせ、子どもを預かってもらったという話も聞いていた。自分自身がその立場になってはじめてわかることは多いが、その水面下のやりくりを人知れず続ける苦労は尋常ではなかっただろう。

当時、一緒に働いていた同僚のワーママが、ＡＥＲＡに自分の体験として「我が家のシッターはカメルーン人」という記事を書いたことがあった。彼女の夫も他社の新聞記者だった。彼女は明るくその話をし、その話を聞いた時、編集部の反応は「えー、カメルーン人？」「面白いね〜」というものだった。私もそうだった。

だが今、当時の彼女の記事を読み直すと、日々をやりくりするために方々を探した結果、毎日同じシッターを確保することがどれほど難しかったのかがわかる。２０００年代初めは、今ほどシッターサービスも充実していなかった。

２００６年６月に娘を出産した私は、10カ月の育児休業を経て、４月に復職すると、スイッチするように夫が３カ月の育休期間に入った。復職するからには「フルで、出産前と同じように」働きたいと思ったからだ。慣らし保育などの期間、子どもが保育園に慣れるまでは夫に全面的に育児を任せた。

復職すると、昼間に子どものことが心配で……という声をよく聞くが、私は全くそんなことがなく、むしろそのことに罪悪感を抱いてしまう。職場にいて、仕事をしている時には一切子どものことを忘れてしまう。仕事に没頭してしまうのだ。それは今でもそうだが、子どもよりも仕事の方が自分には大切なのか。子どもとの約束や用事を忘れてしまうこともあり、自己嫌悪に陥る。そんな自分には母性が欠けているのではないか、とすら思う。

夫の３カ月の育休の後は、月曜日から金曜日までベビーシッターを手配した。夕方５時に保育園に迎えに行ってもらい、朝、私たちが用意した夕食を食べさせ、お風呂に入れてもらう。９時までには私か夫が帰る、というシフトを組んだ。すでに改正育児・介護休業法が施行され、子どもが小学校に入学するまでは時短勤務も取得しやすくはなっていたが、私が復職した当時、そんな制度を使っている人は社内、少なくとも私の周囲にはいなかった。最初から夫も私も保育園とシッターのダブル保育で、出産前のペースを落とすつもりはなく働く気満々だった。

なぜこんな態勢にしたのかと言えば、こうした働き方しか知らなかったし、こうしなければ朝日新聞社で、ＡＥＲＡで働き続けられないと思っていたからだ。社内外に限らず、先輩世代の女性たちは自分の給料をシッター代につぎ込むか、親の近くに引っ越すか二世帯住宅にするかして働き続けていた。

ＡＥＲＡの編集長時代に取材した元厚生労働事務次官の村木厚子さんも、自分の給料はほぼ全てシッター代に消えていた、と話していたが、私が働き始めて見てきた子どものいる先輩たちは、あまりにケースとしては数が少なかった。新聞記者かせいぜい女性官僚。取材で知り合う企業で働くいわゆる総合職の中には、そもそも出産しても働き続ける女性たちは本当に少なかった。定期的に集まる大学の仲のいい同級生仲間は働き続けていたが、独身か結婚しても子どもがいない。

均等法世代が与えるプレッシャー

ベビーシッターは、フィリピン人のＬさんに毎日来てもらうことにした。なぜフィリピンの人に頼んだかと言えば、毎日頼むことによる経済的負担を考えてのことだ。ベビーシッター会社を通すよりも個人契約できる分、負担が少ない。これもフィリピン人のシッターを頼んでいた社内の先輩から聞いたので、それを真似た。彼女は毎日夜９時までフィリピン人のシッターと保育士の専門学校の学生数人のシフトを組んで、２人の子どもを育てていた。

幸い、うちの娘は本当に体が丈夫だった。風邪やインフルエンザでも保育園を休んだことは6年間で2週間あるかないか。これは親にとってどれだけ助かったことか。たびたび子どもが熱を出し、その都度保育園に迎えに行ったり、病児保育の手配に追われる同僚や後輩たちは、子どもの世話と仕事のやりくりで疲れ果てていた。

育休から復職したばかりの親にとって、一番大変なのは子どもの病気だ。熱が37・5度以上あると保育園には預けられない。集団で生活している時間が長いため、特に保育園に預け始めの1年目は子どもは風邪だけでなく、インフルエンザやノロ（ノロウイルス感染症）などに次々とかかる。朝、子どもの体調が優れないと病院に連れて行きながら、保育園には休む連絡をし、自分の仕事の算段をつける。取材や打ち合わせが入っていれば、相手に事情を話して日程を変更してもらい、職場に連絡し出社できないことを伝え、今日やるべきことを自宅で進められるのか考える。あー、会社のパソコンを持って帰ってきてない……呆然とする。そして翌日以降も体調がよくならなかったら……子どもの体調を気遣うどころか、とにかく会社にはいつ行けるのか、遅れた仕事はどうするか、そのことで頭が一杯になるのだ。

娘はほとんど体調を崩したことがないとはいえ、入園した最初の冬が6年間の保育園生活の中で、私と夫にとって最大の試練だった。12月に入り、保育園で流行っていたノロに娘がかかった。続いて私と夫もノロに順番にかかり、ノロが完治した娘はマイコプラズマ肺炎に。当然、保育園に預けることはできず、10日間ほど自宅と病院を往復する日々が続いた。私と夫は午前中と午後、そして夜と交代で会社に行っては仕事をして、家に戻ってスイッチするという生活が続いた。頼みのベビーシッターのLさんまでノロに感染してしまっていた。

当時、リモートワーク、在宅勤務という考え方はなかった。会社にもどこまで事情を話していたか、覚えていない。おそらく、なるべく子どもの病気を悟られないように、辻褄《つじつま》を合わせるように働いていたと記憶している。当然、２人とも睡眠時間を削ってやりくりしていた。そのせいで体力も落ちていたのだろう。娘のマイコプラズマ肺炎が私たちに感染し、春になる頃まで咳が止まらない、という不調が続いた。診断は２人とも気管支喘息で、ステロイドを吸引しながら仕事を続けていた。夫は咳のしすぎで肋骨にヒビが入った。今になれば、なぜあの時、１週間仕事を休み、娘の看病に専念しなかったのか、と思う。「休まない」と意地になっていたのはなぜだったのか。

この病気の経験の少し前から、私と夫はいくらシッターを毎日雇っているとはいえ、このままの状態で働き続けるのは難しい、と感じていた。当時、少しずつ言葉が出始めた娘に対して、シッターのLさんは英語しか話せない。マニラで幼稚園の先生をしていたという彼女はとても娘を可愛がってくれていたが、コミュニケーションの心配があった。何より一人っ子で、保育園の迎えから寝るまでシッターと一対一の生活は、あまりにも可哀想に思えた。

「今のままのペースで仕事を続けていくのは限界では……」

それでも私は仕事をセーブする、副編集長を降りる、という選択肢を考えなかった。なんとか仕事は今のまま続けたい。副編集長から記者に戻れば、もう少し時間の融通などもきくし、原稿は家で書くこともできたのに。子育てのために仕事を諦める、ペースダウンするという発想にどうしてもならなかった。これは親のエゴなのだろうか。

山口に住む私の両親に事情を話した。できれば、東京に出てきて、子育てを手伝ってくれないか、と。逆に両親に何かあれば、こちらも助けられるからと。いつになるかわからないが、両親が介護を必要とする時には子育てもひと段落しているだろう。子育てと介護のバーターのような感覚だった。自分たちの都合だけを考えた虫のいいお願いにもかかわらず、親たちは山口の実家を売り、東京の私たちが住むマンションに越してきてくれた。

その話をすると、大抵は驚かれる。「よく両親は生まれ育った故郷を離れる決心をしてくれたね」と。本当にその通りだと思う。私の弟夫婦も東京にいるとはいえ、友人や親戚などもいない東京によく出てきてくれたと。だが、その時は自分たちのことに必死で、両親の気持ちにまで思いを馳せる余裕がなかった。

こうした自分たち、あえて言うなら均等法世代のワーママの働き方や両立の方法が、知らず知らずのうちに後輩世代に違和感を持たれ、プレッシャーになっていたと知るのは、もっと後のことだった。

働くアラサー女性を対象としたオンラインの情報サイト「ウートピ」編集長の鈴木円香

さんから突然メールが来たのは、私が朝日新聞社を退職して、今のビジネスインサイダー編集部に移って間もない頃だった。ウートピの説明には「20代よりワンランク上を目指すアラサー女性の〝次のステージ〟を応援する情報サイトです」とある。私にインタビューをしたい、という依頼だった。「浜田さんたちの世代が頑張りすぎるから、私たちがしんどいんですけど！」というテーマで、少々糾弾調でインタビューしたい、というようなことが書いてあった。

「え、そんな風に思われてるんだ」

自分では特別頑張ってきたつもりはなかったし、先輩たちもそうしてきていたから、という理由だけで続けてきたのに。以下は、「先輩ワーママのせいでプレッシャーがすごいです！」というタイトルで掲載されたインタビューの一部だ。

鈴木：実は、以前ある記事で読んで、浜田さんのワーママとしての働きぶりが過酷すぎて衝撃だったんです。山口のご実家を売ってご両親を呼び寄せ、育児を全面的にやってもらっていた、と。同僚のワーママも北海道からご両親を連れてきて同じマンションに住んでもらったり。

それを知って、「ああ、私たちが感じている、この、仕事と育児の両立にまつわるプレッシャーの根源はここにあったのか……」と。要は、浜田さん世代が、尋常ならざる方法で「仕事」と「育児」を両立してきたがゆえに、下の世代はみんなしんどいんですけど？　という質問をぶつけてみたかったんです。「地方の実家を売って東京にマンションを買って両親に育児をしてもらう」がデフォルトになったら、困るんですけど？　と。

浜田：なるほど（笑）。確かに、あれがデフォルトになるのはよくないですよね。でも、実は私たちも「上の世代」のマネをするしかなかったんです。他に両立の方法を知らなかったから。

鈴木&海野P（注：海野Pとは一緒にインタビューに参加したウートピのプロデューサー・当時）**：**そうだったんですか……。

浜田：地方から親を呼び寄せて二世帯住宅にするとか、お給料が全額消えちゃうくらいベビーシッターをフル活用するとか、そうでもしないと、女性が子どもを育てながら会社で働き続けられないと思っていたんです。「子どもは、お給料を全部使って育てました！」と武勇伝のように話していると言われることもあるんですが、実際のところ、私たちの世代はそうでもなかったんですよ。仕事が好きで仕方なかったから、そうせざるをえなかった、というのがホントのところ。

鈴木：葛藤とか、なかったんですか？

浜田：なかったですね（キッパリ）。（中略）好きで仕方がない仕事を続けるための方法がそれ以外にない時代だったから、葛藤はなかったんです。「この道以外にないんだろう」と。

鈴木：えーっ、いやいや、他にもいろいろ方法はあるじゃないですか……。私たちの世代の感覚からすると、「この道しかないでしょ！」といきなり両親を東京に呼び寄せちゃうことにかなり違和感があります。

浜田：そうか、そう感じちゃうのか（笑）。私たちの世代の女性は、「0か100か」の発想しかなかったんです。仕事に100か、家庭に100か。両立するということが物理的にも難しかったんです。

おそらくこのインタビューを読んだ人は、「なぜこれほど葛藤がないと言い切れるのか」と思うに違いない。私は子育てのために仕事を辞めようとか、諦めようとか思ったことがない。自身が病気になった時も、仕事も辞める、という選択肢だけはなかった。専業主婦の母親に育てられた私がなぜそこまで仕事に固執するのか、自分でも不思議に思うことがある。同世代には、どんなに優秀でも仕事を続けることにそれほど執着していない人たちもいたのに、何が自分を仕事に向かわせるのか。彼女たちと自分は何が違ったのか。

そんな仕事ばかり優先する母親のもとで育つ子どもは可哀想、と見られるかもしれないと思ったことはある。だが、不思議と娘に対して、「悪いなあ」と感じたことはない。それほど仕事が好きなのだ。だから、鈴木さんの質問に真正面から答えれば答えるほど、噛み合ってないな、伝えたいことが彼女たちの脇をすり抜けていくみたいで、わかってもらえてないなあ、と正直感じていた。出来上がったインタビューを読むと、自分が育児をしないことを開き直っているようにも読めて、落ち込んだ。

子どもを自分の手で育てたい

こうした私の考えが下の世代には通じないし、違和感を持たれている、ということは鈴木さんの取材を受ける前から自覚していた。

ＡＥＲＡ時代、何人もの女性記者や編集者の後輩たちと一緒に仕事をしてきた。彼女たちは私が「少しスケジュールが厳しいかな」「難易度高いかな」と思った時も、弱音も吐かず、期待以上のクオリティーの記事を書いていた。とても信頼していたし、私も彼女たちがどうしたらもっと成長できるのか、いい仕事ができるのかと考えて、いつも少し高いハードルを設定していた。

その中で、Ｋさんは最も私が信頼している記者の一人だった。新聞の支局勤務を終えてＡＥＲＡ編集部に彼女が入ってから10年以上、デスクと記者という立場で仕事をしてきた。私が編集長になって、彼女に副編集長就任を打診したことは前の章でも書いた。実力、人柄ともデスクとして申し分ないと思っていた。だが、彼女と直接話す前に、私と彼女をよく知る別の同僚から、こう言われた。

「Ｋさん、副編集長になるの、迷っているみたいです」

正直、私は副編集長就任を喜んでくれていると思っていた。「こんなに私が買っているのに、なぜ」という思いもあった。事前に迷っていることを教えてくれた同僚は、「やっぱり子育てとの両立をどうしようかと悩んでいるみたいで……」と教えてくれた。

Kさんには当時、すでに1人子どもがいた。夫も新聞記者。双方の実家は地方にあり、そうそう親にも頼れない。私より10歳近く若い団塊ジュニア世代の彼女の親たちはまだ働いていたり、その親世代を介護したりしているケースも多い。そして何より彼女と直接話した時に驚いたのが、「なるべく子どもを自分の手で育てたい」と言われたことだった。

「ハマケイさんのように両親に頼ることもできないし、できれば私は子育ても自分でしたいんです。その中でできる範囲で仕事を頑張りたいんです」

それまで自分とは〝一心同体〟の同志のように感じていた後輩からの言葉に、私は動揺した。多くの働く女性の記事を一緒に手がけていたので、自分と全く同じ価値観で彼女も働いていると思い込んでいたのだ。

実際、先の「ウートピ」の対談にも出てくる二つ下の後輩は、私と同様に北海道の両親を東京に呼び寄せ、同じマンションに住んでもらい、子育てをかなり頼っていた。だが、私たち世代よりも10歳ほど下の世代は「子育てしながら働く」という点で、意識がかなり変わってきていた。

後輩達は均等法世代の私たちも上の世代を見て、「ああはできない」「違うな」と感じていたのに、私たちはいつしか自分たちのクローン的な価値観を下の世代にも求めていたのかもしれない。「私たちはこれだけ頑張ったんだから、できるよね？」と。自分たちが一番、上の世代から言われたくなかった言葉を知らず知らずのうちに発していたのだろうか。

だが、そこには世代による明らかな意識の断層があった。「ウートピ」の鈴木さんたちは、Kさんのさらに10歳ほど下の世代だ。私たち世代が「これしかない」と思ってやってきたことに違和感を覚えるのは、当然なのかもしれない。

それでも私はKさんを副編集長にするという選択肢を諦めたくなかった。どうすればKさんは快く引き受けてくれるのだろうか。彼女が副編集長として働きやすい環境を作らない限り、引き受けてくれたとしても、彼女を苦しい立場に追い込むだけだと感じていた。

木曜、金曜の校了日だけは、どうしても編集部での作業が深夜まで及ぶ。この日はベビーシッターを雇うなり、夫に早く帰ってもらうなりできないか。月曜から水曜までは保育園のお迎えに間に合うように編集部を出てもらう。そのために編集部員にも全面的に協力してもらう。例えば、デザイナーとの打ち合わせはKさんを最初にして、という具合に。編集部員たちにも、Kさんの状況を説明した。彼女と打ち合わせをしたい時には、夕方になる前に、と。

ワーママの働きづらさは、物理的な時間制約によることも大きいが、職場など周囲の人の無理解も大きい。妻が専業主婦の男性（特に40代、50代）や子どものいない人にとって、夕方決まった時間までに保育園に迎えに行く、そして、そこから急いで帰って、お腹を空かせた子どものために夕食を作り、お風呂に入れ、寝かしつけまでひとときも余裕がない、この時間帯のことは想像もできないだろう。ＡＥＲＡでもワーママについての記事は嫌というほど書いたが、言葉でいくら書いても、この日々の慌ただしさは当事者以外に伝わらないもどかしさがいつもあった。しかも相手は赤ちゃんや小さな子どもだから、お腹が空けば泣く。雨の日になると、自転車も使えず、ぐずる子どもと重い保育園の荷物と仕事のバッグを持ち、自分自身が泣きたくなってくる。これを日々繰り返すことがどれほど大変かは、経験しないとわからない。

ワーママだけを配慮するべきだとは思わない。だが、こうした子育てをしながら働く、という具体的なイメージを多くの人が知ることは、誰にとっても必要な時代になっている。ある人にとって、それは自身の闘病かもしれないし、親の介護かもしれない。「誰か」のために自分の時間を使わなくてはならなくなることは、誰にでもあり得る。

なぜあの人はいつも早く帰るのか。なぜあの人にはいつも連絡のつかない時間帯があるのか。なぜあの人は休日出勤ができないのか。相手の具体的な生活を知れば、余計な不信感を抱かなくてもいいのではと思う。

そして今の職場、ビジネスインサイダーでは、女性だけでなく男性も子育てや親の介護を抱えるなど、いろいろな事情の編集部員がいる。女性の副編集長は子ども２人をほぼ〝ワンオペ〟で育てているが、早く帰る分、朝４時には起き、原稿を書いている。リモートワークもＯＫにしているので、それぞれができる形でできる時間帯に働く、ということが自然にできている。時間制約があることで〝罪悪感〟を抱かなくてもいい職場、それが理想だ。

ＡＥＲＡでは「ワーキングマザー１０００人委員会」という読者組織を作っていた。隔月でワーママ読者に集まってもらってイベントを開いていたのだが、そのうちの１回に、女性登用に熱心な企業の人事・ダイバーシティ責任者に来てもらって、話をしてもらったことがある。その時に非常に印象的な話をしてくれたのが、セブン‐イレブン・ジャパンのダイバーシティ担当（当時）の女性役員Ｆさんだった。Ｆさんは、集まったワーママに向かって、

「あなたたちは、自分で上司と話をしてますか？　ちゃんと自分の状況を話してる？　待ってるだけじゃダメ。自分がどう働きたいのか自分できちんと話をしようとすれば、上司はきっと聞いてくれるわよ」

と言葉をかけた。

集まっていたワーママたちは、「え、そんなことしていいんですか？」と驚いた様子だった。そんなこと考えてもみなかったという感じで。その顔を見て、厳しい言い方をすれば、ワーママ側にも〝甘え〟があるのでは、と感じた。自分で上司に説明しなくても「わかってもらえると思っている」。会社は「制度を整えてくれるものと思っている」。だが、制度が整えられた会社でも、その制度を実際利用できるか、しやすいかどうかは上司や職場の雰囲気にも依るところが大きい。「うちの上司はわかってくれない」「うちの職場は理解がない」という声もよく聞く。でもそう思った時に自分で上司と交渉し、彼らの行動を変えていっている人はどれだけいるだろうか。

ある企業で役員を務める私の友人は、その〝甘え〟について手厳しく指摘していたことがある。仕事上の〝成果〟についてあるワーママ社員に注意したところ、「もう少し配慮していただいても……」と言われたという。そんな漠然とした〝配慮〟を求めるより、「こうしたらここまで成果が出せる」と具体的に交渉した方がより健全な関係になれる。結局、今起きていることは不信感の連鎖。黙っていても、上司は変わらない。変えていくには自分から行動を起こすしかない。

ワーママの働き方を多く特集してきたAERAだが、職場との関係の他に大きなテーマは、子ども（なぜか夫ではない）との関係だった。自分が働いているからこそ子どもに時間をかけられていないのではないか、という罪悪感を多くのワーママが抱いている。そんなテーマは自分自身の問題として女性記者たちからもしばしば提案された。毎日同じような献立が並ぶ、自分自身は教育熱心な親に育てられたのに、自分は子どもの勉強や習い事に時間を割いてやれない……そんな〝悩み〟からの企画が多く生まれた。

先のウートピの鈴木さんたちからも、育児を親に全面的に頼ることへの〝葛藤〟はなかったのか、と尋ねられ、私にはそこへの葛藤や罪悪感がないことに、彼女たちは心底驚いていた。むしろそのことこそ女性たちを苦しめているものなのではないだろうか。子どもと一緒にいる時間が短い、子育てを丁寧にできないことに罪悪感を抱かなくてはならない。私はこのインタビューを通して、それが20歳も若い世代になってもなくなっていないことにショックを受けた。子どもを預けてまで仕事をしていることへの罪悪感、子どもは母親が育てなければならないという呪縛から、むしろ若い世代の方が自由になれていないのはなぜなのだろう。

若いワーママたちと話していると、夫への気遣い（遠慮）も、むしろ均等法世代よりもしているなあと思う。家事や育児を1人で担う「ワンオペ育児」にへとへとになっているのを見ると、なぜもっと夫に「家事や育児に参加して」と言えないのかと思うのだ。

お迎えのほとんどを担っていた後輩ワーママに、せめて朝の送りを全部やってもらったら？　と提案したところ、

「もっと家事や育児をやって、と言うと、夫が不機嫌になるんです。それによって家庭の空気も悪くなる。今の忙しい状況で、これ以上心配事を増やしたくない」

と言われた。気持ちはわからないでもない。また別の会社で働く30代のワーママに、家事は家事代行サービスを使うとラクだよ、と提案したこともある。そうすると、

「夫が、他人が家に入るのを嫌がるんです」

と言う答えが返ってきた。その嫌がる夫が家事をやるかと言えば、そうでもない。結果的に彼女が家事や育児を全て担っている。

ＡＥＲＡで取材した中でも、家事や育児への協力を求めたところ、夫から「お前が好きで働いているんだろう」と言われたり、「子どもがかわいくないのか」と問い詰められたというケースをよく聞いた。

おそらく均等法世代で仕事を続けている女性たちは非常に稀有《けう》で、いろんなことを割り切り、親や夫をフル稼働させないと仕事を続けられなかった。そこに罪悪感の入る余地はなかった。そんなことよりも「仕事を続けるにはどうすればいいのか」、それを最優先にせざるを得なかったから。

でも今、企業側の制度は整い、出産後も働き続けることは一般化しつつある。もちろんまだ転勤などのハードルはあるが、大企業では育休からの復職率は１００パーセントという企業も少なくない。出産した女性が退職し、また子育てがひと段落して就業するという、いわゆるM字カーブの谷間は徐々に浅くなりつつある。これまで「子どもは母親が育てた方がいい」「なるべく子どもと一緒にいたい」と考えて退職していた人たちまで働き続けられるようになった。だからこそ、罪悪感を抱く層が広がったとも言える。

突然の娘の「宣言」の後、残り10日間となった夏休みをどう乗り切るか、夫と娘と話した。私が社内での編集作業や打ち合わせが続く日は、塾が終わる昼に娘を迎えに行き、一緒に昼ご飯を食べる。その後、渋谷にある私の会社に連れてきて、空いているデスクで宿題や読書をさせることにした。私が社外の打ち合わせが続く日は、同じ塾に通う友達の家で預かってもらったり、夫が半日だけ家で見ながら仕事をしていた。

私が会社に連れて行けたのは、ベンチャー企業の雰囲気が大きかったと思う。ビジネスインサイダーの編集部員に事情を話すと、男性の副編集長（当時）は、前職の海外通信社

■女性の年齢階級別女性労働力率

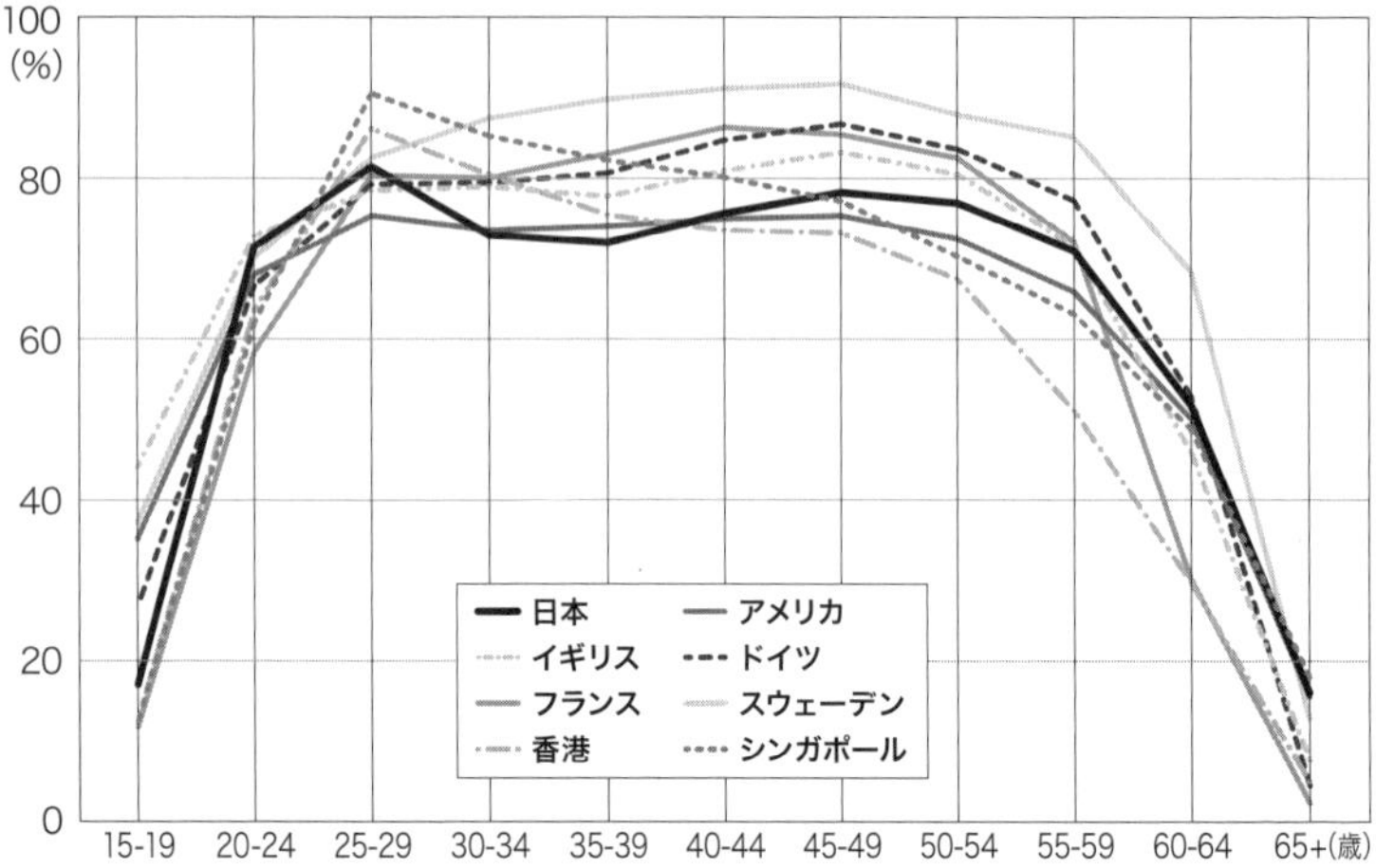

女性の年齢階級別労働力率をみると、日本では20歳代後半から30歳代にかけて比率が落ち込むいわゆるM字カーブを描いていることが特徴的である。結婚・出産・育児等のために労働市場からいったん退出し、その後育児が落ち着いた後に再び労働市場に復帰するという女性労働者の就労行動の特徴が、M字カーブに反映されている。

■就業率の国際比較

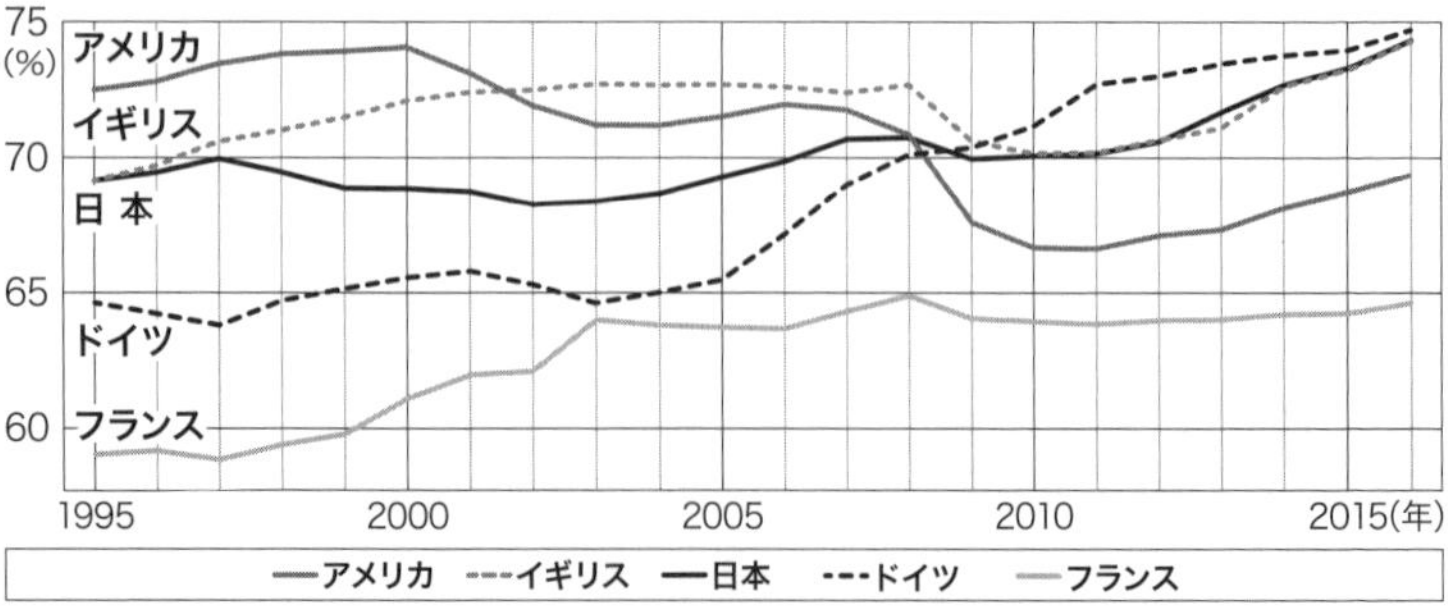

2016年の日本の就業率は男女計が74.3%で、イギリス(74.3%)、ドイツ(74.7%)と同水準であり、アメリカ(69.4%)、フランス(64.6%)を上回っている。男女別にみると、日本の男性の就業率は82.5%と最高水準であるものの、女性は66.0%と低水準である。

資料出所:(独)労働政策研究・研修機構「データブック国際労働比較2018」

では夏休みになると、多くの記者が子どもを会社に連れてきていたと教えてくれた。他の編集部員もそこに子どもがいることを、あまり気に留めもしないで、受け入れてくれた。

出産して10年以上経って初めて、他のワーママの苦労が本当に身にしみている。日々の算段をし、娘の塾の終わりに間に合うようにどちらかが帰宅し、ご飯を作っている。〝ガチ〟の両立生活が始まり、夫との関係で悩むことも増えた。夫は毎日朝食も作り、週の半分も早く帰り、食事も作る。子どもの勉強をみるのも熱心だ。とても恵まれている環境だと思う。だからこそ、私への要求も厳しくなる。しかも私は、分刻みで入稿に追われる職場に転職したばかり。自宅からバスで10分の職場に転職したのも、受験を前にした子どもともう少し一緒にいたい、いなければという気持ちからだった。だが、前の朝日新聞社時代にも増して仕事はハードになり、休日も丸一日休めることはなくなった。夫からも「もっと子どものことを考えたらどうか」と言われることも増えた。私にしてみれば、「自分のため」に働いているわけではない。ゼロからメディアを立ち上げる仕事は全く自分の時間は思い通りにならないものだった。始めてしまったからには、逃げるわけにはいかない。仕事への責任感と子どもへの想いと夫からのプレッシャーとの間で右往左往している。

だが、ふとした時間に、娘は学校や友達のことを話すようになった。この時間を持てていなかったこと、それに10年経ってやっと気づいている。

第5章 会社というモンスターとどう付き合うか

会社から見た〝正しさ〟と個人の〝正しさ〟

サイボウズという会社がある。副業完全解禁など、働き方で先進的な取り組みをしていることで知られる。その社長・青野慶久さんには何度かインタビューさせていただいたことがあるが、会社という組織とそこで働く社員の幸せを考え抜いている、数少ない経営者だと思っている。

その青野さんの著書『会社というモンスターが、僕たちを不幸にしているのかもしれない。』という書名を見た時、ああ、私がモヤモヤと感じていたことが書かれているのかな、と思った。

会社は時としてモンスターになる。このことは私が朝日新聞社（朝日新聞出版）で働いていた時に、強く感じていたことだった。特に副編集長から編集長と自身が管理職となり、より会社側の立場になればなるほど、このモンスターとの間で身動きが取れなくなるのを実感した。それは朝日新聞社特有の話ではない。今のベンチャー企業に転職してからも同じことは起きる。つまり会社、というものが存続していく時に、少なからず個人の何かを〝犠牲〟にしているということは、どこの会社にも起き得ることだ。

それは、会社から見た場合の〝正しさ〟と個人が大事にしたい〝正しさ〟や価値観は、どうしても違ってくる時がある、ということなのだと思う。もちろんこの二つが完全に一致することが理想だ。

サイボウズの青野社長は、この方向性が違ってきた会社は解散するべきだ、と説く。でも残念ながらそんな企業は非常に稀である。会社として利益を上げ、存続していくこと。その中で、個人個人の大事にしたい価値観などをすべて満たすことは、正直難しい。会社は会社になった瞬間から、成長、存続、ということが第一の目的になる。そんなの当たり前じゃないか、会社がなくなれば多くの社員が路頭に迷い、困るのは社員だ。何を甘いこと言っているんだ、という批判はその通りだ。だが、少なくとも会社は時に〝モンスター化する〟ことに経営者、経営層が自覚的であるかどうかだけでも、社内の空気、組織は全く違うものになる、ということを青野さんの著書を読んで感じるのだ。

例えば、ここ数年のうちに起きた企業の不祥事。もっとも印象的なものは東芝の不正会計問題だろう。なぜあのような不正がまかり通ったのか。そこに疑義を唱える社員はいなかったのか。外側にいる人間からすれば呆れるし、疑問しかない。だが、もし自分がその一員だったら、NOと言えるかどうか。今、自分がしていることは、社会に対して一点の曇りもなく正しいと言える人がどこまでいるだろうか。

日本だけでなく、多くの企業でなぜこんなことが起きるのか、といった不祥事のたびに、会社というモンスターに抗《あらが》えなかった個人の姿を想像してしまう。私自身、多くの企業を取材してきて、自分自身も中間管理職として長く会社員として働いてきて、このモンスターとの付き合いに戸惑い、苦しんできた。中間管理職は、働き手という個人と会社の経営層の末端、という二つの顔を持つ。この交わることのない価値観の間で、どちらを優先すべきか。中間管理職がまさにその間に立たされている。

私の知人で、いくつもの企業で管理職や役員を経験した女性がいる。彼女は仕事を引き受ける時に、「絶対に稼げる仕組みを作れるかどうか」を重視していると話していた。そして実際、引き受けた事業では徹底的に利益を出し、大きく成長させることにとことんこだわっていた。そもそも引き受ける際に成長の可能性のない仕事には手を出さないと決めていた。その判断は、横で見ていると時には冷徹に映ることもあった。彼女がそこまで「稼ぐ」ことにこだわっていたのには、20代の時の経験が大きいと聞いた。新卒で入社した企業で、ある地域の責任者を任された。だが、なかなか成果を上げることができず、数百人単位でリストラせざるを得なかったと。もう二度とそうした経験をしたくないし、部下にもさせたくない。だから、最初に引き受ける時に、きちんと事業がスケールする可能性があるのかを重視すると話していた。

出版市場が縮小する中で、多くの出版社はいかに利益を確保するのか、に頭を悩ませている。もちろんAERAでも同様だった。よっぽどの大ヒット作品でも出ない限り、前年の売り上げを超えるどころか維持することすら難しい。その中で利益を確保しようとすると、コストを削る、という選択肢を選ぶか、先日休刊した「新潮45」のように越えてはいけない一線を越えてしまう。あのLGBTを差別した特集は許されるものではないが、雑誌を存続させるために編集長が相当追い詰められ、正常な判断ができなくなっていたのではと想像できる。

第1章にも書いたが、私がAERAの編集長になった時にコストカットを目的に、電車の中吊り広告をやめた。経営陣からは原稿料のカットも検討するよう言われていた。だが、それ以前から徐々に少しずつ原稿料は事あるごとに下げてきた経緯を知っていたので、フリーライターやカメラマンの実働を考えると、これ以上原稿料を削っては彼らが生活できるのか、ということも容易に想像できた。原稿料のカットは記事の質にも直結する。原稿料が安くなれば、当然それに見合った取材しかしない、とライターが判断しても仕方ないのだ。それをこちらが責めることは、酷なことだ。そもそもAERA編集部では、編集部員の人数もどんどん減らされていた。当然、外注部分は増えていた。

縮小する業界ではよくある構造だ。社内でやっていた業務を切り出し、外注部分を増やし、そこに委託することで費用を削っていく。ライター、カメラマンは編集部の〝下請け〟ではなく、本来は対等な立場だが、構造はメーカーの下請けいじめに似ている。そこまでわかっていてもそこに手をつけなくてはならないのは、構造的に〝儲かる〟仕組みを作れていないからだ。とはいっても、なんとか利益を確保し、黒字化しないと、さらなるコストカットをしなければならないという悪循環に陥ってしまう。そんな堂々めぐりをしていた。

会社の〝正義〟は赤字部署の放置はできない、ということだ。その赤字は誰かが埋めなくてはならない。事業を黒字化せよ、と求められるのは当然のことだとも思う。それは私も編集長として当然だと感じていた。そのためになるべく人を切らず、原稿料に手をつけるのは最後に、という思いで、少しでも稼げそうな新規の取り組みを始めたりしたことは第1章に書いた。

AERAを存続させていくために、と自分自身に言い聞かせていた。存続できなくなれば、多くの人が働く場所を失うだけでなく、これまで30年にもわたって築き上げてきた一つの雑誌を終わらせることになる。それは長年読み続けてきてくれた読者のためにも、支えてきてくれた外部のライターやデザイナーのためにもなんとか避けたいと思っていた。

AERAには3種類の編集部員の〝身分〟があった。私のように朝日新聞社に入社し、出版部門が子会社になった時に朝日新聞社から出向という形になった人間。子会社後の朝日新聞出版に入社した人間、さらには「業務委託契約」という形で編集部にほぼ常駐して働くフリーランスの人。雇用形態も給与体系も全く違う。特に出向組と出版社入社組の仕事の内容に差があるわけでもないのに、給料には大きな差があった。

さらに言えば、出版業界で多く取られている業務委託契約という形は、非常に運用が難しい。ある特定の業務についての契約なのだから、部門長の指揮命令系統下には入れてはいけない、「雇用」関係ではないのだから給料という言い方はいけない、夏休みを一斉に取るなど編集部員と一緒の働き方をしてはいけない、など会社からは何度も〝注意〟された。多くの企業で、業務委託契約の人を実質社員と同じように働かせた「偽装請負」問題が表面化した後、労働基準局などが厳しく指導するようになったこともある。

だが、実際は編集部員と同じテーマをチームを組んで取材しているのだ。そこで夏休みの取り方に差をつけたり、毎日の接し方に差をつけたりするなど、できるだろうか。どの編集部員も同じように大切で、それぞれが働きやすく、やりがいのある仕事をする環境にするためには、日常の接し方に差をつけるなど、とても現実的な運用に即してない。こうした役所的な決まりを会社の総務などから言われるたびに、役所にも総務担当者にも怒りが湧いた。私たちが相手にしているのは、人間なんですよ、と。実際現場でマネジメントしてみたら、と。

一体誰のための規則、法律、制度なのだろうかと思ったことも多い。だが、会社には法律がある以上はそれを守る、という〝正義〟がある。折しも私が副編集長、編集長時代に会社を「コンプライアンス」「ガバナンス」という〝お化け〟が徘徊するようになっていた。一方の現場にはみんなが楽しく働けるような環境を整える、という〝正義〟がある。

このどちらを優先するのか。どこで折り合いをつけるのか。会社の言うことに忠実な管理職であれば、何も考えずに会社、上層部の言うことを遵守するだろう。だが、現場を知れば知るほど、そんなに現場のマネジメントは単純ではなく、日々一緒に仕事をしている仲間に対して割り切れない思いがあった。

だが、人間はそうした葛藤にも慣れていく。怖いのはそこだ。どうしても黒字にしたい、稼ぎたいという思いが募れば、躊躇していた一線を越えてしまう。私がAERAの副編集長時代に、週刊朝日で大きな「事件」があった。橋下徹元大阪市長の出自に関する記事だった。橋下さんだけでなく、多くの関係者の人権をないがしろにしたとして、当時の編集長や副編集長には厳しい処分が下された。なぜ社内で表に出る前にチェックし、止められなかったのか。隣の部署にいる身としてその詳細を全て知っているわけではないが、「なぜ」という思いが拭えなかった。まさに「新潮45」と同様のケースだった。

一方で、冷静に判断すればとても掲載できるような内容でない記事を、なぜ当時の編集長、副編集長は掲載してしまったのか。なぜ暴走してしまったのか、その背景、その時の当人たちの気持ちは、私には想像できるのだ。

ここからは完全に私の想像だが、きっと彼らは〝何か〟しなければならないと思ったのではないか。ズルズルと売り上げが落ち（これは週刊朝日に限らず、どの雑誌もそうだが）、雑誌を、編集部を存続させるためには、売り上げを回復させるために〝一発逆転〟の策を講じなければならないと思い詰めたのではないか。暴走したことは決して肯定できることではないが、あくまでも彼らの動機は週刊朝日のため、だったと思う。

私もＡＥＲＡの編集長時代、同じような境遇だったからだ。なんとか目の前の状況を改善させるために、いろいろなことを試したからだ。そこに自分の保身や野心、などというものはなく、ただただ、なんとか売り上げを伸ばしたい、回復させたい、その一心でもがいていたからだ。

プレッシャーがきつかったことも想像できる。その状態が続くと、ラクに何か魔法のような〝一発逆転〟を夢見てしまうのだ。そんな手法はないとわかっているのに。新しいものを生んだり、状況を好転させたりするには、ただひたすら地味な改善や試行錯誤を繰り返すしかないのに、あまりの苦しさに〝これさえやれば〟という飛び道具的なものにすがってしまうのかもしれない。週刊朝日のこの事件は会社には非常に大きなダメージを与えたし、一旦離れた読者は戻らなかった。

個人的にはＡＥＲＡの編集長になる前、副編集長時代に、この週刊朝日の事件を横で見ていたことが、私には大きかった。「これはイケる！」と自信のある企画の時こそ、過信はないか、〝一線を踏み越えていないか〟慎重になる癖がついた。

このぐらい我慢しなくては

会社という組織は、時には自分の味方にも力にもなってくれる。だが、あまりにそこに取り込まれすぎると、何のために働いているのか、わからなくなる。

そのことをもう一度思い出させてくれたのは、一連の#ＭｅＴｏｏ運動だった。２０１７年５月にジャーナリストの伊藤詩織さんが、元ＴＢＳ記者からレイプを受けたと告発した。ちょうどその秋、アメリカでハリウッドの大物プロデューサーから受けたセクハラを女優たちが告発したこともあって、日本でも自身の性暴力被害、セクハラについての告発が続いた。そして翌年4月、テレビ朝日の女性記者が財務事務次官（当時）から受けたセクハラを週刊誌に告発する。現役の官僚トップの生々しいセクハラの実態に、私は唖然とした。週刊誌の記事の内容、公開された音声、そしてテレビ朝日側の会見によって公開された内容はあまりにも酷く、ここまで露骨なハラスメントが、男女雇用機会均等法が施行されて30年以上経った今でもまかり通っていることに、怒りを通り越して、呆れた。

さらに、ビジネスインサイダー編集部の後輩女性記者などから聞いた実態にはもっと驚いた。私自身、記者になりたての20代、まだセクハラという言葉も浸透していなかった当時は、取材先から「そこのオネエちゃん」呼ばわりされて、ほとんど記者と見られないこともあったし、酒席でのお酌やチークダンスなど当たり前のようにあった。学校の教師や県会議員などから体を触られたり、キスされたこともある。その時は大事な取材先だから、とただ身を硬くして、払いのけることも、うまくやり過ごすこともできなかった。学校の教師たちとの飲み会ではチークダンスを強要されたが、同じ支局の上司や先輩たちは、それを黙って見ているだけだった。それを拒もうとしようものなら、今で言う〝空気の読めない〟、場を白けさせるヤツだと思われただろう。若いということもあり、何をどうすればいいのかすらわからなかった。

だが、さすがにあれから30年近くが経っている。この10年ぐらいは、企業内ではハラスメント対策も進んだ。まさかあの30年前と同じようなことが若い女性記者に起きているとは、思いもよらなかった。

後輩の女性記者たちから、つい最近受けたというひどいセクハラのケースを聞き、すぐにビジネスインサイダーで、メディアで働く女性たちへのアンケートを実施した。すると約１２０人から生々しいハラスメント被害が寄せられた。警察幹部など取材先から受けたケースが多かったが、社内の先輩、上司から、というものも少なくなかった。取材先との飲み会に社内の先輩に連れて行かれ、「差し出された」というケースもあった。どの事例も読んでいて、ムカムカし、気持ち悪くなるほどだった。しかも、被害に遭った女性たちの７割近くは、誰にも相談していなかった。相談できる信頼に値する窓口や人間がいなかったという理由も多かったが、「大事な取材先だから、自分が被害を訴えることで、同僚記者たちが取材できなくなってしまう」というように同僚などを慮《おもんぱか》る声もあった。

やりきれない思いになったのは、「このぐらい我慢しなくては、一人前と見られない」「だから女性は使いにくい、と言われるのではないかという不安があった」という声が少なからずあったこと。会社や同僚、先輩に迷惑をかけたくない、働き続けるためにはこのぐらい我慢しなくてはならない、そう必死で自分を納得させている様子が痛々しかったし、その想いは自分にも身に覚えがあった。

アンケート調査を公表した時、「よく書いてくれた」という女性たちからの声が大きかったと同時に、なぜ嫌なら嫌だと言わない、大袈裟だという意見もあった。この件に関して、私自身も他のメディアから何度か取材を受けた。もちろんメディアの仕事の特殊性もある。取材という行為には、「取材源の秘匿《ひとく》」という取材源を守らなくてはならないという原則があり、一対一で行うことが多い。どうしても密室で一対一にならざるを得ない事情はある。また夜討ち朝駆けという独特の取材手法の問題もある。朝早くや夜遅く、取材先の自宅に出向いたり、外で2人きりで会ったりする。そのこと自体が「2人で会っている以上、被害に遭っても仕方ない」と言われたり、あろうことか「ハメているのではないか」という声すらあった。

女性の敵は女性なのか

一方で、同じ女性たちの間からも、非難の声が上がった。そんな被害を訴えられたら取材しにくくなる、うまくかわせばいい、というものだ。被害を訴えた女性たちが相次げば、女性たち自身が一線の取材現場から外されることを心配していた。実際、財務事務次官のセクハラが明らかになった後、麻生財務相は「だったら男性を担当にすればいい」と言い放った。

少し話はそれるが、この財務事務次官のセクハラ事件の約3カ月後、東京医科大学の入学試験で女子の入学試験の点数を一律に減点していた、という実態が明らかになった。このこと自体、憲法で保障された法の下の平等、さらに言えば教育基本法の教育の機会均等に反する。だが、やはりその時も、「女子の入学制限はあってしかるべき」という声が意外にも女性医師たち自身からも発せられた。医師たちのハードな勤務状況から、出産などで離職したり、短時間勤務を希望したりする女性医師が増えれば現場が回っていかなくなる、というのがその理由だった。

メディアで働く女性たちの場合も、医師の場合も、なぜこうした意見が出るのか。セクハラは「する側」が責められるべきなのに、なぜ被害に遭い、そのことを告発したり、問題点を指摘したりしている側が責められるのか。本来、長時間労働など医師の働く環境をどう改善すべきかという議論をすべきなのに、なぜ離職する側に罪があって、その状況を作り出しているかのように言われ、さらには、そのことによって何の関係もない女子生徒たちが受けた不利益が肯定されるのか。

一つにはその状況に耐え、受け入れている女性側に、自分たちはその状況を良いとは思っていないが、働き続けるために甘んじて受け入れ、努力してその環境を克服しているのだ、だからこそ後輩たちも同じ我慢をすべきだ、という潜在意識があるからではないかと思う。

財務事務次官セクハラ事件後、いろいろな取材を受けるうちに、私自身、何度も自分の過去が呼び起こされた。なぜ自分はセクハラを受けても声を上げなかったのか。なぜそのことを今まで思い出さなかったのか。

思い出し、話すうちに、自分自身がいつからか、〝変節〟していることに気づいた。20代の身を硬くしていたあの頃。決して喜んで取材先に手や体を触られていたわけではないのに、30歳前後になり、同じような目に遭っても、このぐらいやり過ごせなければ、と自分に言い聞かせるようになり、後輩がハラスメントに遭ったと聞けば、「それぐらいうまくかわして」と願うようになっていた。

記憶に残っているのは、当時担当していた作家の方との会話で、「触られても減るもんじゃないですし」とまるで武勇伝のように自分が話していたことだ。それに対して、その作家の方から「ハマちゃんはすごいね」と言われ、むしろこのぐらいできて当然、と得意になっていた。

だが結果的に、1990年代、少し早く社会に出た私たち世代が口をつぐみ、現状に自分たちを無理やり合わせているうちに、仕事をしたければ我慢することを肯定した結果が、今なのではないか。AERA時代、働く女性たちのことを取材し、記事にあれだけしてきたのに、一番本質的な問題を後回しにしてきたのではなかったのか。

長時間労働も、出産するタイミングも、これまで男性が作り上げたシステムに、無理やり体を押し込めてきた。窮屈な洋服に無理やり自分を合わせるように。それはきっと苦しい思いをしてきたはずなのに、個人として思う「苦しい」「おかしい」という感情を押し殺してきた。でもその状態が長く続くうちに、最初に感じていた苦しさや怒りは忘れてしまうのだ。体や心が慣れてしまって。

実はこれはハラスメント問題に限らない。

ＡＥＲＡの編集長時代、あるワーママの編集部員から「校了時間をもう少し早くできないか」と相談されたことがあった。校了時間は深夜。だから、ワーママ部員たちには「早く原稿を出せば、あとは帰宅してゲラ作業をしてもいいよ」と〝配慮〟していたつもりだった。だが彼女はいつも自分たちだけが早く帰るのは申し訳ないし、校了時間が早くなれば、ワーママ以外の他の部員も早く帰れるようになると指摘した。その時、私は「一部の人のために印刷所など全ての人のスケジュールを動かすのは難しいから」と答えた。でも今思えば、それも深夜校了というシステムに私の方が無理やり慣らされてきたのではないかと思う。一人ひとりの〝主張〟につき合っていたら会社は回らないと、当時は私も自分を納得させていた。でも、もしかしたら、彼女の主張の方が会社を変える、働き方を変えるきっかけになっていたのかもしれない。長い間同じ環境で働いてきたことによる慣れほど怖いものはない。

#MeToo運動が起きて、私が考えていたのは、そんなことだった。知らないうちに、その状態を放置することで、私たちは現状を追認して、〝加害者側〟に回ってしまっていたのではないか、ということだ。そのことを突きつけられた気がしたのだ。

会社は時としてモンスターになる。会社や組織を守るために、誰かを傷つけ、切り捨てる。その時どうするのか。判断材料として一番ブレないのは、自分は何のために働いているのだろうということに立ち戻ることしかないのではないか。そしてあとで思い返した時にこの決断が恥ずかしくないか、ということを何度も自分に問うてみる。働くことをもっと希望に満ちた、楽しいものにするためにも。

働き続ける人、辞める人

特別対談

篠田真貴子 × 浜田敬子

1968年東京生まれ。ペンシルバニア大ウォートン校経営学修士（MBA）。日本長期信用銀行、マッキンゼー・アンド・カンパニー、ノバルティス ファーマ等を経て、2008年東京糸井重里事務所（現・株式会社ほぼ日）に入社、翌年に取締役CFO就任。2017年11月に退任。

働くって楽しい

浜田：AERAで編集長をやっていた時から、よく後輩世代の女性たちから「管理職にはできるだけなりたくない」という声を聞きました。自分の後輩たちだけでなく、他社の女性たちからも。均等法世代のようにがむしゃらに働きたくない、と言われたこともあります。個人的にはそんなに無茶をして働いてきたつもりはないのですが、なぜ後輩世代にはそう映ってしまうのか。

私だけでなく、均等法世代の皆さんは、それぞれ自分の中でいろいろな想いと常に戦い、時にはそれを持て余し、折り合いをつけながらここまで来たのではと思っています。ただ、その思いがほとんど世の中に伝わっていない。まずは私たち世代がどんな思いで働いてきたのか、同世代の方の声を聞いてみたいと思いました。それで、個人的に一番聞いてみたかったのが、篠田さん。

篠田：光栄です！！！　ありがとうございます。

浜田：そもそも自分の問題意識として、なぜ私が働き続けられたのかとずっと考えているんです。大学時代、私よりもずっと優秀だった友人や同級生が、次々と辞めていきました。私はなぜ働き続けられたのだろうと。たまたま選んだ職業や会社が、自分に合っていただけなのか。働き続ける人と辞めてしまった人には、何が一番影響しているのだろうか、と考えてきました。

篠田さんは1991年、日本長期信用銀行（現・新生銀行、以下長銀）に総合職として就職されています。当時はまだ総合職女性が働き続けるための、例えば産休・育休といった環境も整っておらず、総合職の女性たちが長く働くことを期待もされていなかったと思います。篠田さんはそもそも就職する時からずっと働くと決められていましたか？

篠田：以前、友達だけのフェイスブックに上げたことがあるのですが、高校時代の作文が出てきたんです。「未来の自分を書く」というテーマだったみたいです。なんと夫の海外転勤に同伴したのを機にＭＢＡ（経営学修士）を取得中で、図書館で勉強している私を描いていました。

浜田：高校生でＭＢＡを知っていたんですね！

篠田：作文のことはすっかり忘れていたので、あまりにも描写がリアルでびっくりしましたよ。私自身、家庭環境は恵まれており、父が会社派遣で国内のＭＢＡに行っていました。夜中まで勉強している父の姿が、小学生の私には楽しそうに見えました。今振り返ると、父は無意識か意識的にか、私には男性並みを期待していたと思います。

浜田：篠田さん、長女ですよね？

篠田：はい。妹に対しては「良いお嫁さんになれば」という感じもありましたが、長女の私への期待は違うなあと感じていました。私もパパっ子で、期待されることが特に嫌ではなく、企業の海外畑で働く父に自分の将来像を重ね合わせている部分がありました。もう一つ、どういうわけか、経済的に自立していることに憧れていました。

浜田：なぜでしょう？

篠田：人からお金をもらうことが嫌でした。うちの親は保守的なところもあって高校生の間はアルバイトを禁止されていました。「したいしたい」と言いまくり、留学して１年遅れていたので高校３年時、本来ならば大学生だった時期に、「もう私は大学生と同じ年齢だからいいでしょ？」と交渉しました。親も誰でもできる職種はダメだと。たまたまドミノ・ピザの１号店が東京にオープンし、外国人のお客さんが多いので英語ができる人を募集していました。「これなら文句はないよね？」と言い、始めました。長時間は働けませんでしたが、普段親からもらうお小遣いよりはたくさんのバイト代がもらえて、好きなものを買えて嬉しかった。

浜田：私も思えば、大学時代はバイト三昧でした。実家が山口で、大学では寮生活、学費の他に仕送りもしてもらっていたので、これ以上、親に経済的な負担はかけられない、特に就職浪人はできないと思っていました。弟も東京の私立大に通っていて、2人の教育費に相当お金がかかっていたのはわかっていましたし。就職したらびた一文援助はしてもらえないと思っていました。そういう意味でも経済的自立をしたいという思いが強かったですね。あとはアルバイトが結構楽しかった。

篠田：私もアルバイトは楽しいと思っていました。

浜田：働くって楽しいと思いましたよね。

篠田：思いましたね。大学時代いろいろなアルバイトをしましたが、特に面白くて長続きしたのが、法律事務所です。

浜田：私も!!

篠田：わあ。浜田さんは何をされていましたか？

浜田：事務です。当時ワープロが出たばかりだったので、弁護士の先生が手書きで書かれた訴状をワープロで作成したり、電話番をしたり。経理もやっていました。

篠田：へえ。幅広い！　私は国際的な契約をやっている事務所でタイピング専門でした。契約の手書き原稿を打ったり、弁護士の方の指示に従って修正をしたり。社員は定時になると、帰宅してしまう。国際弁護士事務所だったので海外とのやりとりが多く、先生方は時差の関係もあり夜中も働いていました。私も急ぎの仕事があれば徹夜したこともあります。あの頃、日本で世界陸上がありましたよね？

浜田：ありましたね。

篠田：そのアルバイト先が世界陸上の法務を扱っていて、「カール・ルイスが来るんだ！」と契約書をタイピングしながらワクワクしてました。あとはゲーム会社の国際ライセンス契約とか。法学部ではないので、法律用語はわからないものの、こうやって仕事を覚えるのだと面白さを感じながら働いていましたね。

　ある時、別の案件のクライアントの方が事務所に見えて、弁護士の先生と夜遅くまで議論していました。途中、先生が私のところに来て「最終的な交渉は中東でするから、あなたも一緒に来る？」と言われたんです。「出張に行くのかな」とドキドキしました。結局行きませんでしたが。

　世の中がこうやって動いているのだとわかる感じも、お金を得ることも、楽しかったですね。

　また別の時には、社員の方に「1年やって、それなりに信用してもらえていると思うので、時給を100円上げてほしい」とお願いしました。すると「今まで例はないけど、いいわよ」と言ってくれて、上げてもらえたんです。責任感を持って仕事をし、貢献度を上げて報酬をいただくというサイクルをアルバイトなりに経験し、面白かった。

総合職か一般職で悩む人達

浜田：就職活動で銀行を選ばれたのはなぜ？

篠田：選んでない（笑）。

浜田：え!!　就活は楽しかったですか。

篠田：まあまあです。まあまあというのは、いろいろな会社の話を聞けることは面白いんですけど、初めて男女差に直面した感じがあって、そのフラストレーションは溜まっていました。

浜田：フラストレーションありました？

篠田：ありました。

浜田：私は志望がメディアだったからかな。あまり就活でのフラストレーションはなかったです。

篠田：受けたのはメディアだけですか？

浜田：銀行やメーカーも受けました。就職浪人はできないと思っていたので、本命のメディア以外もいろいろと。就活はすごく楽しくて。ＯＢＯＧ訪問でいろいろな人に会うのが、とにかく楽しかった。今と違って会社の中まで入れてくれて。

篠田：会社の会議室にとかね。

浜田：そうそう。会社の会議室でランチまで出してくれて。バブル時代だったので、OBOG訪問するだけで交通費がもらえました。変な話、お金までもらえて、会社や社会のことを知れる。なんて就活って楽しいんだろう、と。男女差はあまり感じていないんですよ。

篠田：私は就職活動をするまで男女差をあまりに感じなさすぎたのかもしれません。身近な女性の友人達が総合職か一般職にするか迷うのを見て、戸惑うところから始まりました。

浜田：え、篠田さんのお友達でも？

篠田：同じゼミの同級生の女性が私よりもずっと優秀だったのに、一般職を選びました。同じ長銀に彼女は一般職で就職しましたが、すぐ辞め、国家公務員になりました。彼女は総合職は終身雇用前提で、「私は終身雇用で1社にコミットできないから、そういう期待のない一般職にする」と言っていました。この仕事でいいのか自分が決めきれないからというニュアンスでした。会社は総合職であれば、ずっと働くことを期待するわけで、「それに対して誠実じゃないと思うから」と。

浜田：ある意味、真面目な人ですね。

篠田：真面目でしたね。でも、総合職＝終身雇用という当時の前提は、今から想像できないほど強固だったのも事実です。そんな中、私は「やってみなきゃわからないし、別にいいじゃん」と思ってたんですよね。

同級生の男子学生たちもまだまだ保守的で、「なんで女なのに男と同じことをするわけ？」などと会話の中で言われましたね。「仕事っていうのは、結婚や出産で仕事にブレーキをかけなくていい男が、必死に全力投球するもの。子育てで休むかもとか、面白そうだから総合職とか言ってる女のお前が、なんでそこに入ってくるんだよ」と議論になりましたね。社会人に言われるより、同級生の方が多かったかな。

そこで初めて女として区別される世界に直面したんです。それまで学校の選択や勉強で、女だということでちょっとでも不利になることは頭になかったのですが、別の前提があるということに直面したのは初めてでした。ちょっと何コレみたいな。

浜田：篠田さんは就活の時に、「結婚して出産しても続けられますか？」と聞かれましたか？

篠田：聞かれましたよ。

浜田：当時、私も朝日新聞社の面接で聞かれました。今だとNGですよね。

篠田：ですよね。長銀では「あなたが総合職を選ぶことを、お父さんはどう思ってますか？」とも聞かれました。

ライフステージについてどう考えているのかは、全ての会社で聞かれました。「正直、仕事は続けたい。でも子どもが生まれてみたら手がかかるかもしれないし、その時にならないとわからないですよね？　その時のベストを尽くしますとしか言えません」と答えてましたよ。

浜田：私は受かりたい一心で「もちろん続けます」と。でも、実際それがどんなことなのか、子どもが生まれて働くってことはどんなことなのか、全く想像もできなくて。それなのに、仕事を辞めることも想像できなくて、「続けます」と。その回答は朝日新聞社だったから歓迎されたけど、他の企業だったら落とされていたかもしれない。

篠田：へえ！

浜田：当時、女性は入れ替え可能な方が企業にとっては使いやすかったと思います。人材の新陳代謝が起きるから。だから、結婚や出産で辞めてくれる方がよかったんですよ。当時は女性がずっと働き続けることを前提にしていなかったと思うんですよ。

篠田：企業側も、女性が嫌だとかいうより、ずっと働き続ける女性を見たことがないから、なんでしょうね。

私は実は金融志望ではなかったんです。海外に行けたらいいなと思っていて、そのキャリアパスがあるところを探していました。メーカーを志望していて、当時ミーハーな気持ちもあってソニーが第一志望でした。

浜田：当時、キラキラしてたから。志望者たくさんいました。

篠田：他にもグローバル展開しているメーカーを中心に受けていました。銀行の方が早く内定が出るので、先輩から「面接に来て」と呼んでいただけて、「はい」って行って、1日でトントンいきましたね。

浜田：気がついたら人事部、気がついたら役員面接という時代でしたね。

篠田：そう。気づいたら5回面接が終わっていましたよ。「もうちょっと待ってて」とか言われて、待っていたら、年配の方が出てきて面接が終わり、その日の夜に内定の電話がかかってきました。その時はソニーに行きたいと思っていて、受け続けていましたが、だんだんモチベーションが切れちゃって。学生の狭い視野でソニー希望と言っているより、大勢の学生の中から私を選んでくれたんだから、長銀の大人の選択に委ねた方がいいのかもしれないと、半分はその理屈。残り半分は面倒臭くなっちゃったんです。誰も文句を言う会社ではないし、自分としても良さそうじゃんという感じ。

私だけ面白いネタがない

浜田：篠田さんは就活当時「働き続ける」という意味を、どのぐらい理解していたと思います？　働き続けたいけど、あまり深刻に考えてはいなかったと思いませんか？

というのも、今の学生さんたちはすごいんですよ。まだ出産なんて先じゃない、と思うのに、学生時代から「産んだ後」を心配している。ある意味、知りすぎて不安になっている印象です。私は過剰不安世代と呼んでいるのですが。

私は、両立がこれほど過酷だと予想もできていなかったけれど、逆にわからなかったから、したい仕事優先で就活できたのかもしれないなと。

篠田：わからないからよかった。そうかもしれません。大学1年生の時に、アメリカ人の先生とそういう話をしたんですよね。なんとなく子どもが生まれたら3歳くらいまで休んで、そこから復職して続けたいかな、なんて言ったら先生がかなり真面目な顔で、「3年も休んだら仕事に戻れないよ」と。「そうなの？」とは思ったけれど、それ以上深く悩むことはなかったです。

　思えば浜田さんや私の世代は均等法が始まったばかりで、そもそも当時でいう男性と同じ働き方を選ぶだけでもかなり考えたし、周りに「何で？」と聞かれることが多いから考えざるを得ない。ほとんど誰もやったことがないけど飛び込んだ、先の見えない冒険です。

浜田：両立まで行き着いていないですよね、思考としては。男の人と同じ仕事をする。そこはやれる、やると。新聞社は入社して数年は全員地方なので、転勤も行くと。

篠田：地方に行くというシミュレーションでいっぱいいっぱいですよね。

浜田：はい。その場になったらなんとかなるんじゃない？　ぐらいにしか考えていませんでした。篠田さんの同級生で、仕事を辞めた人と続けた人の割合はどれくらいですか？

篠田：長銀の総合職で同期の女性は10人、ほとんどみんな、仕事を何かしら続けてます。旦那さんが海外転勤になり、一旦仕事を辞めて駐妻（駐在妻）となった人も、帰国後、プロフェッショナルとして再就職しています。

浜田：大学の同級生は？

篠田：学部によっていろいろです。私のいた経済学部の女性は割と続けている人が多い印象です。お子さんが生まれた人は、初めに就職した大企業は辞めている人が多いかな。組織で男性と同じようなキャリアを、という意味で言うと、経済学部の女性でも6割くらいでしょうか。

浜田：内閣府の調査で1995年入社の女性たちを調べたら、総合職で働き続けている人は15％くらいです。その前の入社組ではもう少し少ないかもしれません。この働き続けているかどうかは、選んだ学部によって差が大きいかもしれませんね。経済学部は全体的に男性が多いですよね？

篠田：慶應の中では、一番女子が少ない学部だったんです。理工学部の方が女性比率が高かった。女子全体平均よりは、仕事を続けようという人は多かったと思いますね。高校も慶應（義塾女子高等学校）だったのですが、クラスで仕事し続けているのは10人くらいでしょうか。それ以外に、子育てで一旦退職し、一段落したら別の仕事を始めた人もいます。

浜田：篠田さんから見て、働き続けている人と辞めた人は何が違ったと思いますか？ 辞めた人には、就活当初から結婚したら辞めることを前提にしていたタイプと、続けたかったけど辞めざるを得なかったタイプと2通りあると思うんですよ。

私が卒業した学科（上智大学法学部国際関係法学科）ではクラスの半分が女子で、比較的当時、偏差値が高く、私からみても優秀だなあと思う人は多かったです。でも、意外と仕事を続けている人は少ない。続けている人の中では独身や子どもがいない人が目立ちます。

みんな結婚したくなかったわけではなく、40歳ぐらいでは、と話していた友人は多いです。でも、仕事が猛烈に忙しくて、そのうち親の介護が始まって。転勤もあってと、結婚したいと思っていた時期に仕事を優先せざるを得なかった人も。一方、所属していたテニ

女性管理職の家庭状況

女性管理職の約4割が未婚者（男性管理職は1割未満）。また、子どものいない女性管理職が約6割を占める（男性管理職は約2割）。

現在、管理職層へ到達している世代は、仕事と家庭をめぐる厳しい環境の中、結婚・出産と仕事との「二者択一」を迫られてきたケースが多いことがうかがわれる。

管理職の婚姻状況

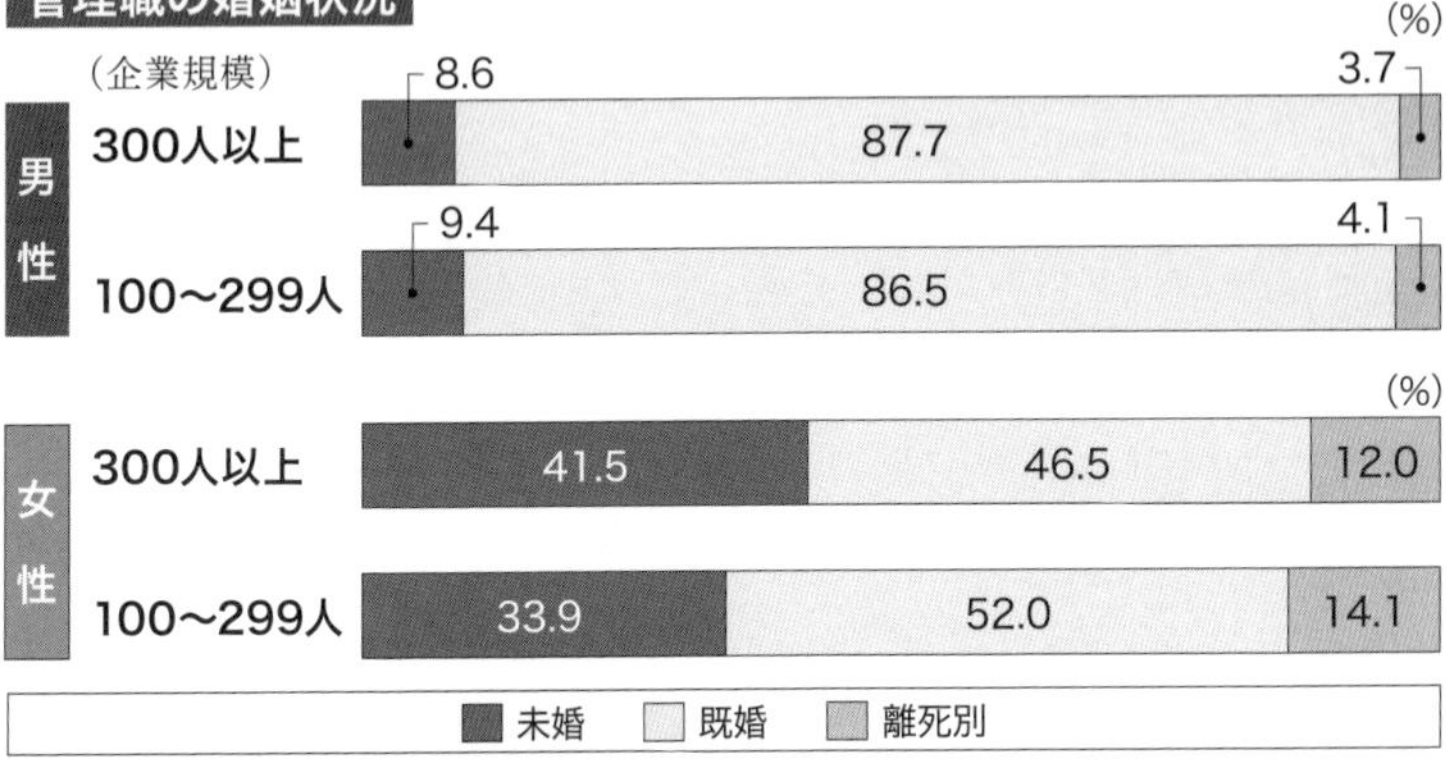

管理職の子どもの有無と人数

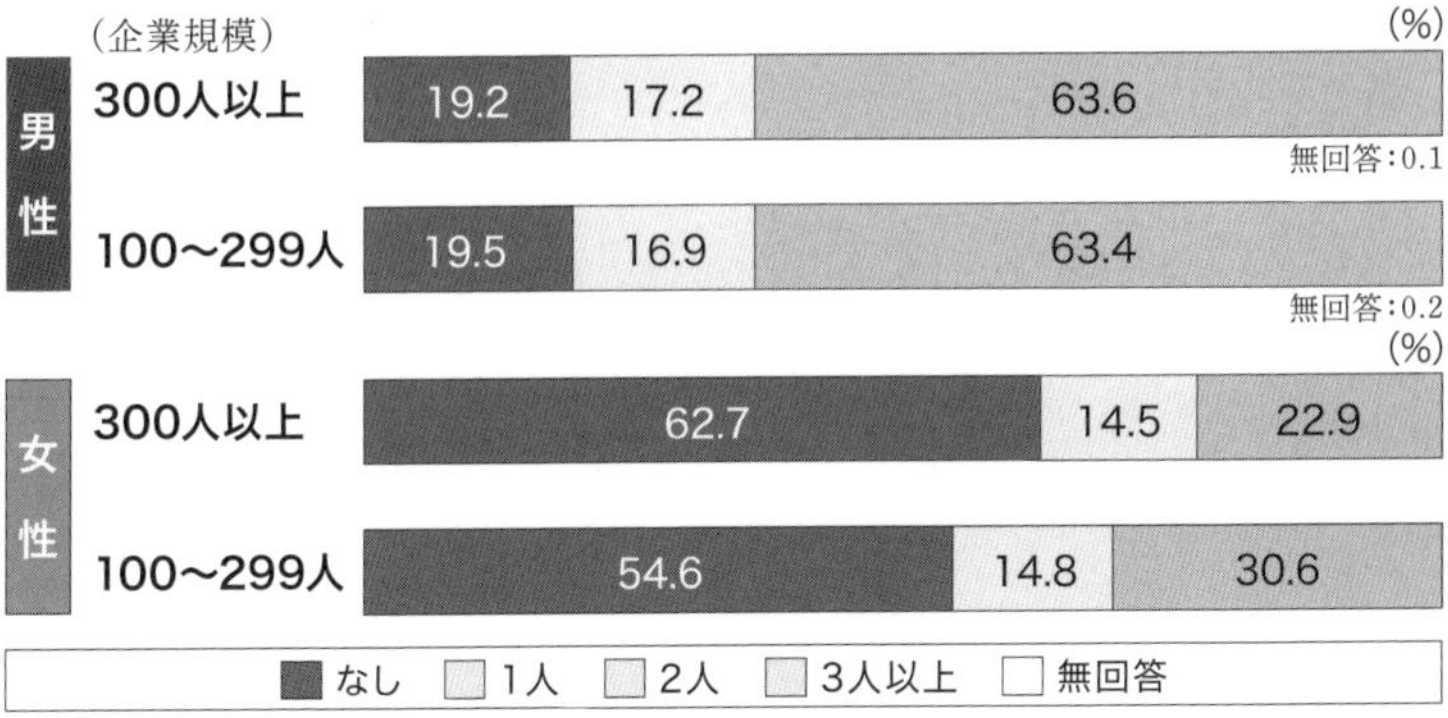

資料出所：JILPT「男女正社員のキャリアと両立支援に関する調査結果」

スサークルでは、12人中ずっと仕事を続けているのは私だけ。今、仕事をしている人もいますが、一旦、専業主婦の期間を経て、再就職したタイプです。

篠田：私の周りの仕事を続けている人を思い浮かべると、職業や環境の影響も大きいかなと思います。エンジニアや医者など、「手に職」タイプの仕事に就いた人。もしくは子どもが生まれてから離婚して、経済的に逃げ場がない人などが、その例ですね。

浜田：篠田さんは仕事の醍醐味って何だと思いますか？　やっぱり達成感？

篠田：達成感、そうですね、好奇心にスピードや量があるとしたら、私の好奇心を満たすためにビジネスの世界でやっていくのが合っていたんでしょうね。

浜田：それって子育てでは満たされない？

篠田：満たされない。

浜田：私もです。

篠田：それは別。別ですね。

浜田：両方あるとしたらどっちが好きですか？

篠田：乳児の子育てと比べたら仕事の方が好きです。

浜田：わかる。育休中ってしんどくなかったですか？

篠田：そうなんですよね。だから短かったです、すぐ戻っちゃいました。1人目は産後4カ月で復帰しました。12月出産で、4月から保育園に入園しないともう1年先まで入園のチャンスがありませんし。第2子もちゃんと休んだのは産後8週間だけ。

浜田：ええ！

篠田：もうちょっと休めたなら、その方がよかったです。仕事の状況もあって、パートタイムで産後9週めで復職し、保育園に入れるまで3カ月ほど、週2日、会社に行ってました。

浜田：もちろん会社の側の事情もあったのでしょうが、早く仕事に戻りたかったですか？

篠田：戻りたかったですね、戻ることが嫌じゃなかった。

浜田：私も。私は子育てが苦手なんだと思っていました。自分の子どもはすごく可愛いけれど、10カ月の育児休業中は精神的に追い詰められちゃって。

篠田：10カ月は私には無理。第1子の産休中にMBA女子友達に会いました。当時子どもがいるのは、私だけ。そしたら、みんなの話が面白いんですよ。それなのに、私だけ面白いネタがないと思っちゃったんです。これ嫌だなあ、早く戻りたいなあと。

浜田：先ほどの好奇心のお話のように、もともとその人が持っている性格的なものも、ビジネスにフィットするタイプとそうでないタイプがいますよね。私の友人には働くことそのものがしんどい、というタイプもいます。

篠田：私はたまたま向いていたと思います。自分の志向と仕事で求められることがマッチしていた。体力的に丈夫なことも。子どもも元気であまり休まないで済みましたし。

浜田：篠田さんは精神的にもタフですか？

篠田：弱くはないと思いますね。タフというより、嫌なことがあっても、それよりも面白いことを見つけて切り替える感じです。本当は男性も仕事に向く、向かないって絶対あるんだと思います。たまたま浜田さんや私の年代では、私たちのような働き方をすることは女性にとって特殊で、向いている人だけが残った。本来は男性も、女性と同じくらい、仕事に対する志向のバリエーションはあるのだけれど、環境が男性向けに整っているから、それに支えられて仕事をしている人は決して少なくないと思っているんです。

浜田：静岡県立大学准教授で、「育休プチＭＢＡ」というプロジェクトを展開されている国保祥子さんにこう言われました。私たち均等法世代と今の40歳前後の違いは、働くことに意思が乗っているかどうかだと、均等法世代で働いている人は「働く意思を固めた人」だと。「働き続けたい」と「辞めない」は違っていて、制度が整ってきたので辞める理由がなくなってきたと。

それは先ほどの男性と同じく、環境が整備されたから働いているということですよね。両立支援制度などが整備されたから、「どうしても働きたい」という明確な意思が乗っからないままに働いている。自分は働いていていてもいいのかなと思いながら働いているから、何か困難なことがあれば、例えば保活で厳しい目に遭うと心が折れると。働く女性の母数が増え、１００パーセント復職が前提になりつつある今、やっぱり同じような価値観で下の世代に接してはいけないと思ったんです。

ただ、自分たちのやり方を押し付けないようにしているけれど、自分がやってきた方法しか自分にはわからない。

やらないことを決める

浜田：篠田さんは率直に言って下の世代の働き方が甘い、イラッとすることはあまりないですか？

篠田：イラッとはしないです。おそらく、会社が社員に期待する働き方と、私の考えが近いからではないでしょうか。

浜田：ノバルティスファーマ（前職）では、イラッはありましたか？

篠田：イラッとはしないけれど、自分とは全く違うスタンスの女性に会ってびっくりしたことはあります。その方は技術研究職で、2時間の時短を5年間続けていた。その時感じたのは、私の職業観との違いは大きいな、ということ。私からすると、毎日午後3時に帰ったら不完全燃焼になりそうなのに、その方は昇格はないものの、彼女なりの仕事の満足があり、4時前には帰宅してお子さんたちと過ごすバランスが心地よさそうでした。私は、当時は今よりさらに人間ができていなかったので、へえと思いながら、彼女のスタンスを理解できなかったですね。自分とは職場が違いましたが、一緒だったら困ったかもしれないです。

浜田：そういう人をどう受け止めたらいいんでしょう。制度がある以上、それを選択することは、個人の自由ですよね。でも例えば篠田さんの部下がその人ではなく、男性で残業もでき、アウトプットが多い人だったら。私は自分もワーキングマザーだから、なるべくワーキングマザーに活躍してもらいたい。とはいえ、個人の選択をチームとしてどこまで認めていいのか。それくらい今、マネジメント職は追い詰められているとも感じます。会社から業績のプレッシャーは大きく、早く帰る人の仕事で負担が増える人も確実にいる。

篠田：もしマネジメント職としてそういう人が部下にいて、この限られた戦力で会社の求めるアウトプットを出す必要があるのだとすれば、やることとやらないことを厳しく決め、現有戦力でやるしかないです。

浜田：やらないことを決める。

篠田：やらないことを決め、100点満点は取れないと決める。長期的にはこの不足戦力でここまでやったのだから、人を増やしてほしいと社内で交渉することも見据えます。それまでは、100点は無理なので優先順位を決めます。優先順位とここまではやると宣言しつつ、「きっとここは欠けます。すみません」と私の上長をマネージすると思います。

浜田：いつも戦力のやりくりを考えていると、自分の気持ちの理想と建前に乖離《かいり》が出てきます。自分の中の見たくはない部分や感情を見ることになるんです。

篠田：つい下の人の仕事を自分が拾っちゃったりして、自分が長時間労働になってしまい、イライラしやすくなって……、悪循環ですよね。

両立とは何か、本当の答えはない

浜田：私は篠田さんのフェイスブックが大好きでよく読んでいますが、ある時、娘さんから、「ママは両立できているの？」と聞かれたそうですね。
篠田：はい。娘は私のPC画面に表示されていた記事の見出しを読んで「仕事と家庭の両立、ママはどうなの？」と聞いてきたんです。
浜田：両立って何だろうと思うんですよ。私の場合はやっと時間を回しているだけで、とても両立とは言えないだろうと。篠田さんが解説を書かれたアン＝マリー・スローターの著書の中（『仕事と家庭は両立できない？「女性が輝く社会」のウソとホント』NTT出版／２０１７年７月刊）でも、その問題が投げかけられていますね。
篠田：両立とは何か、本当の意味での答えはないと思うんです。私も娘に聞かれた時、仕事に関しては「自信あり」とスパンと答えられたのに、育児、家事については、口ごもってしまいました。
浜田：篠田さんはあんなに美味しそうなご飯も作って、良いお母さんだなあと思います。
篠田：いやいやいや、掃除とか全然できてない（笑）。料理も、自分用に作って、家族に食べさせずに独り占めすることだってありますし。
浜田：例えば、家で仕事のことを考えた時に、子どもを忘れてしまう瞬間はありませんか？　私はやっぱり仕事の方が好きなのかも、と思う瞬間です。子どものことを１００パーセントに考えなければならない時間にもかかわらず、仕事に夢中になっちゃうんです。そのことに自分自身、時々罪悪感のような感情を抱きます。

篠田：これは自分への言い訳でしかないですが、こんな私がもし仕事を辞め、仕事に向けていたエネルギーを子どもに向けてしまったら、子どもがかえって不幸なんじゃないかと思うんです。必要以上に子どもの世話を焼いてしまいそうですし、しかも別に子育てが一番したいことではないわけだから、毒も吐くでしょうし。子どもと過ごす時間が短くとも機嫌よく楽しそうにしている私の方が、母としてベターである。そう思うことで自分を納得させるしかないですね。

浜田：ただ、スローターが書いているように、どこか自分の中にアンコンシャスバイアスがあるんだと思います。男性は仕事を優先しても責められないのに、女性が同じことをすると、周りも責めるし、自分で自分のことも責めてしまいます。実は私が一番気にしているのは夫で、夫は何も言わないけれど、「もっと母親らしくしろ」とそう思っているのではないかと、自分で思ってしまいます。自分の中に乗り越えられていないジェンダー意識があるのではと。篠田さんはどうですか？

篠田：私もありますね。娘に両立のことを聞かれて口ごもったのは、まさに、自分の中の乗り越えられていないジェンダー意識に直面してしまったからです。家事がちゃんとできていない、子どものことを全部見切れていないことに、引け目を感じている。自分が勝手に思い込んでいる「良い主婦、良い母」のイメージから逃れられていないんです。かと言って、仕事を辞めることは考えられません。「母親だろう」というような、「ジェンダーバイアス」のある言葉が耳に入るとカチンときます。育児で得たものはいっぱいあるので、子育てがなければ……なんて思いませんが、正直、家事、育児の責任を負っていない同年代の男性に比べて仕事面で損していると感じる部分もあります。自分の中のバイアスは複雑で、乗り越えられていないですね。

浜田：とても共感します。結局一番苦しんでいるのは自分自身の中の割り切れなさなのだと思います。私は娘に「私のことより仕事ばっかりやって」と言われた時に、返す言葉がないので。こんな状態は娘世代が母親になったら変わるのでしょうか？

篠田：どうなんでしょうね。子どもと自分の関係であれば自分なりの理屈で自分を納得させることができても、社会に求められている母親像は変わるのかな……。わからないです。

浜田：私は、ウートピという女性向けのメディアで30代前半の編集長から、「浜田さんたち世代が頑張りすぎるから私たち世代は苦しいです。そういう角度で取材させてほしい」と依頼されました。その依頼自体がまず衝撃で、自分のやり方を押し付けているつもりはなかったのに、そんな風に見られていたんだと。そして、原稿を見せてもらった際、そこにいたのは、開き直っているただのおばさんだったんです。自分としては子育ては得意ではないし、保育園などいろいろな人の手を借りて子育てした方が子どもにも良いと思っていて、それを話しましたが、読んでみると、自分が読んでもとっても嫌な感じだったんです。私たちの時代は、その場その場でそうするしかないと葛藤しながら決断してきたけど、そうは見られていないんだ、ということを痛感しました。

篠田：今のお話には大きく二つの要素がありますね。一つ目は、私たちのような均等法世代の女性は、働くと選んだ人だけが働き続けているけど、アラサーの皆さんはもっと多様になっていること。2つ目は、男女どちらとも、働き方の常識が世代で相当違うということ。私たちが20代の頃は、「24時間戦えますか」の時代。残業は当然で、サービス残業はデフォルトでしたよね。

25歳くらいの時は、私自身、「家に主婦が必要」と言っていました。

浜田：当時、銀行の総合職として働いていた女性たちを取材した時、ある女性は実家暮らしで家にお母さんがいて、食事も出してもらって、かろうじて仕事を続けていました。「お母さんが私の専業主婦だった。私は主婦と両方できない」と言って、結婚と同時に退職していきました。

最後に、娘さんが社会人になる際に、どんな社会になってほしいなと思われていますか？

篠田：女性、男性という役割期待が今よりずっと薄くなっていてほしいですね。男性もある時期仕事を辞めて家庭に専念することもいい。あるいは趣味の延長で、ちょっとした個人事業主になるのもいい。バリバリ働き結婚せずに仕事に邁進する女性も社会から後ろ指を指されず、出産を機に退職し、しばらく子育てに専念するという人生もいいですよね。その選択の幅が性別関係なく広がってほしいなと思います。

浜田：むしろ今はみんな働き続けよう、と一色になっている感じですよね。しかもその働き方は、経済というものに呑み込まれる働き方。経済的に価値がないことは仕事と認められない時代になった感じです。

篠田：『仕事と家庭は両立できない？』の解説でもうっすらとにじませたのですが、安倍首相の女性活躍推進はありがたいものの、ロジックが経済への貢献だけなのが、不満です。本来は人権というか、仕事への取り組み方が性別によって区別されることなく、各々の選択を広げることを目指したいんです。理想にしか過ぎないかもしれないけれど、自分のやりがいや心の満足がある程度あり、年齢や性別に関係なく、人生を選べるのが豊かな社会ではないかと思うんです。

第6章 人生100年時代、いつまで働く?

定年後の生活を妄想する

ニュース週刊誌の仕事が大好きだった。〝天職〟ぐらいに思っていた。だから週刊朝日とAERAで通算23年も、働き続けられたのだ。だが、一方で、いつまでこの仕事を続けられるのだろう……という不安も抱えていた。

週刊誌の仕事は〝中距離走〟を繰り返し、果てしなく走り続けるようなものだなあ、といつも思っていた。毎日締め切りがある新聞が短距離走だとしたら、1週間というサイクルはそれよりは少し長い。でも、全力で走る。長距離走なら自分のペース配分をもっと考えたり、途中で給水したりすることもできるが、全力で少し長めの距離を一気に走る。それも毎週毎週。ゴールデンウィークや正月など、年に2回は合併号で休めるが(この合併号休みも、以前は夏も作っていたので年3回だったのだが、少しでも売り上げを確保するということで減った)、1年間約50回毎週毎週、週刊誌を作り続ける仕事は、終わることのない途方もない仕事にふと感じることもあった。

いつのまにか、読もうと思って買った本は家中に溜まり、いつか行きたいと思う旅先を特集した雑誌のページは黄ばんでしまった。いつかって、いつなのかな。いつからか60歳で定年退職したら、行きたい国に旅しよう、あの本も読もうと妄想ばかりが膨らみ、あと何年働けば……ということも考えるようになっていた。定年というゴールに向かってひたすら中距離走を繰り返して、ゴールに倒れこむ、働くということに対して、そんなイメージが私の中に出来上がっていった。


その考えが変わり出したのはリンダ・グラットン著の『ＬＩＦＥ ＳＨＩＦＴ（ライフ・シフト）１００年時代の人生戦略』を読んでからだ。これだけ長寿が当たり前になり、高齢化の記事をニュースとして特集していたにもかかわらず、自分自身の人生が80年、90年になることにピンときていなかった。60歳で一旦定年を迎えたあとの人生がいかに長いことか。確かに周りの朝日新聞社の先輩記者の中には、60歳をすぎても精力的に記者活動をしている方も多かった。だが、自分が定年後に何ができるのかなんて、考える余裕もなかったし、あまりにも毎日が大変で、とにかく一度休みたい、とばかり思っていた。

幸運にもリンダさんが『ＬＩＦＥ ＳＨＩＦＴ』の発売を機に来日された時の講演会でモデレーターを引き受けることになり、直接彼女とお話しできた。私自身のその時の生活、とにかく定年までがむしゃらに働いて、早く定年を迎えたいと思っていること、だけど定年後の生活がうまく想像できないこと、などを少し話したところ、こう言われた。

「ケイコさんの年代であれば、おそらく94歳ぐらいまでは生きるのよ。経済的なことだけでなく、80歳ぐらいまで働くことを考えた方がいいわ。私の友人には定年後、楽しみにしていたガーデニングやクルージング三昧になった人もいたけど、『クルージングは3カ月で飽きる』って言ってたわよ」

あまりの忙しさに働くことが苦しいことになりかけていたけど、元来、仕事は大好きだった。自分の仕事を通じて社会とつながれること、小さくても自分が発信した記事によって誰かの人生や気持ちを前向きにできること、自分自身も「なぜこういった現象が起きるんだろう」と考えて取材することが大好きだ。できればそれを続けていきたい。だけれど、日々の忙しさのために、なぜ仕事をしていたのか、という根本の喜びまで忘れかけていた。リンダさんと話して改めて気づかされた。

80歳近くまで働くことを仮定したら、それでも私はおそらくメディアという仕事を選ぶだろう。だが、これから書籍以外の紙のプリントメディアはどんどん廃れていくだろう。それはＡＥＲＡの時に実感していたことだ。ずっとメディアの仕事をしていきたいなら、デジタルメディアを経験しておかなければ、会社に属することになっても、フリーランスとして働いていくにしても、ニュースの世界で通用しなくなるだろう。

日本にも、新聞社や出版社の紙から派生したオンラインニュースメディアでなく、いくつものオンラインに特化したニュースメディアが生まれていた。『ＬＩＦＥ ＳＨＩＦＴ』

を読む少し前、今所属するメディアジーンという会社の社長から、新しく立ち上げるデジタル媒体の編集長をやってみないか、という話ももらっていた。

儲けなくてはいけない

その頃、私はＡＥＲＡの編集長を終え、朝日新聞社で新しく立ち上がった総合プロデュース室でプロデューサーという職に就いていた。新聞社のこれまでのビジネスモデル（新聞の購読料と広告料を二大収入源とする）が徐々に厳しくなる中、何か新しいビジネスを立ち上げることを求められていた。企業が抱える課題をメディアという立場で一緒に解決したり、社会課題を解決するために企業を巻き込んだり、といった手法を使い、時にはそのためにイベントやプロジェクトを立ち上げ、場合によってはそのための新しいメディアも立ち上げることも視野に入れて、というミッションを与えられていた。

ＡＥＲＡ時代、なぜ記事を書き、雑誌を作っているかと言えば、それは一言にすれば、社会や個人が抱える課題や問題を少しでも解決したいという思いからだった。だから最初、この新部署の趣旨を聞いた時、これまでの自分の経験が生きる、と感じた。何よりも、これまでは「報じて終わり」だったので、その先、実際の問題や課題の解決につながる行動のために、また仕組み作りのために他者を巻き込める、と直感で「面白そう」だと思った。

総合プロデュース室では「『働く』と『子育て』のこれからを考えるＷＯＲＫＯ！」とい

うプロジェクトや、働き方改革を企業と考える「CHANGE Working Style」といったいくつかのプロジェクトも立ち上げた。この国の働きにくさ、個人が働くことをなかなか幸せに感じられない社会を少しでも変えたい、という思いから始めたプロジェクトだった。新聞の購読者の高齢化には、実際新聞で23年ぶりに働いて正直驚いた。放っておくと、記事も事業もどんどん高齢者にシフトしてしまう。新聞という存在を知ってもらうためにも、子育て世代や20代、30代を巻き込むものにしたいという思いもあった。

イベントやシンポジウムは盛況だったし、経営陣からも評価されていたと思う。だが、何か自分自身の中にモヤモヤしたものも残っていた。

それはあくまでも、大きな目的が「朝日新聞社が価値のある報道を続けていくために、儲けなくてはいけない」ということだったと思う。事業をやるからには当然利益を出さなくてはならない。だが、私たちがいた新部署のミッションは、朝日新聞社が将来にわたって経営的に安定するようなビジネスの〝タネ〟を見つけることだ。課された予算、事業規模はあまりにも大きかった。

私はメディアというものは、決して激しく〝儲かるものではない〟と思っている。しかし、赤字を垂れ流すわけにはいかない。良質な報道を続けるために、働いている人たちが安心して仕事に取り組めるように、そして潤沢とは言わないけれど、必要な取材にちゃんと経費がかけられるぐらいに〝儲ける〟ことは可能だとＡＥＲＡ時代を通して確信していた。むしろそのトントンか、ちょっと利益を出す、ぐらいの事業なのだ。

激しく儲かるのは、メディアが特別な地位にいて守られていた時代の話だ。今やインターネットによって誰でもがメディアを作れる時代になった。そんな時代になっても、クオリティーの高いコンテンツを作り、読者や時代のニーズに応えられていれば、いずれ広告や購読料といった形でマネタイズはできる、後から〝儲け〟はついてくると思っている。

だが、総合プロデュース室の仕事は始めから〝儲ける〟ことが求められていた。

そうなると、朝日新聞社にどうやって利益を残すか、という発想になる。どんなに社会課題の解決を目指しています、と言っても、最終的に私たちが企業を回るときにお願いすることは、お金を出してくれ、ということだ。どんなに社会のため、と言っていても、所詮は自分たちのビジネスのためではないか、という印象を持たれるのでは、と私の中ではどうしても後ろめたさが消えず、企業に営業に行くたびにドキドキしていた。それは企業にとっても納得のできるビジネスの仕組みを作れなかった、という私の力不足なのだが……。

ＡＥＲＡの編集長時代は、何度も営業担当とクライアントに広告の出稿のお願いに行ったが、その時の方が気持ち的にはスッキリしていた。ＡＥＲＡという媒体を出していくためにに広告をお願いします、という方が、私は個人的に納得して営業できていた。

そんなどこか割り切れない気持ちで仕事をしていた時に、まさにそのことを指摘された。

２０１６年４月に起きた熊本地震。この熊本地震の後に、被災した子どもたちを元気づけるプロジェクトができないかという話が持ち上がった。私が相談したのは、ＡＥＲＡ時代に特別編集長として１号編集長を務めてもらった小山薫堂さんだった。小山さんは熊本・天草の出身。くまモンの生みの親でも知られる。

小山さんが子どもたちのためのプロジェクトを進めていたのを聞き、何かご一緒できないかと相談に行ったのだ。小山さんたちはヤフーと一緒に寄付金などを使ってそのプロジェクトを進めようとしていた。私たちはそこに熊本地震の被災地の子どもたちを励ましたいという企業を巻き込めないか、と思っていた。

それを話すと、小山さんからこう言われた。

「浜田さんたちは何のためにこれをしているの？　朝日新聞社も持ち出してやる覚悟はあるの？　それは朝日のビジネスとして考えているんじゃないの？」

正論だと思った。私自身が感じていたことをピシリと言い当てられた。

誤解のないように言っておくが、この仕事にやりがいを感じている同僚はいたし、決して〝後ろめたい〟事業をしていたとは思わない。私が、誰もが納得できるビジネスのスキームを作れなかっただけだ。

だが、それまでの面白い、役に立つコンテンツを作れば、そこにお金はついてくる、という発想とはまるで逆の発想で仕事をする、つまり最初から〝儲ける〟ことを第一優先に仕事をすることが、徐々に辛くなってきたのは事実だった。同時に、朝日新聞社の経営の安定を真剣に考えて、懸命にお金を集めてくる同僚たちを見て、心からすごいと思ったし、なかなか自分はそうはなれないとも感じていた。

もう一つ、大きな壁があった。総合プロデュース室という部署の位置づけについてだった。私は入社して支局時代の4年間しか新聞を経験していない。その後はずっと23年間週刊誌の編集部に所属していた。途中、出版部門が朝日新聞出版として子会社化したこともあり、朝日新聞社からの出向社員という形だった。新聞社から定期的に出向という形でＡＥＲＡ編集部には記者が異動してきていたが、その数は年々少なくなっていたので、どんどん本社の状況に疎くなっていた。

ずっと編集畑で働いていた私にとって、総合プロデュース室は初めての事業部門だった。なおさら知り合いも少なければ、情報もなく、〝社内お作法〟もわからない。だが、事業部門に身を置いたからこそ、改めて見えてきたこともあった。

新聞社では〝記事を作る〟編集局の力が圧倒的に強い、ということだ。当然、編集の内容に独立性を保たせるために、事業部門との壁を高くしておかなければならないということは理解できる。ビジネスインサイダーのニューヨーク本社もその二つはフロアが別だし、事業担当者は編集の内容には口を出せない、そもそも交流もあまりない。編集が経営に左右されないということは、報道メディアにとって生命線でもある。

だが、そのことと新聞社内で感じた見えないヒエラルキーは、またどこか違った。何か新しい事業を立ち上げようと思った時に、どうしても編集の協力が必要な場合に遭遇した。

フラットに話を聞いてくれる記者もいたし、むしろ、これから社会課題を本当に新聞社が当事者として解決していくためにはこうした連携が必要だ、と理解を示してくれる記者もいた。

だが、残念ながら往々にして、事業部門を一段低く下に見ている人がいたのも確かだった。個人的にはこんな構造の中で、事業・ビジネス部門にいる社員はどうやってモチベーションを維持しているのか、心配にすらなった。朝日新聞社の将来の経営安定のために、もっと言えば、記事だけでは解決し得ない課題の解決のために、なぜ部門の壁を越えてもっとフラットに話ができないのか、という悔しい思いを何度もした。これは出版時代からも感じていることだった。王道である新聞の編集部門の中にはあからさまに出版部門を〝下〟に見ている人がいた。

編集と事業、さらに言えば、編集の中でも紙とデジタル。新聞社の中の人材の流動性は低いため、どうしても自分たちの成功体験や手法に固執する傾向が強い。中途入社も少なく、いても同業他社からなどが多い。違う業界の人が入ってきたら、この状態をどう見るだろうか。同じ編集という仕事をしていても、途中、子会社から来た私のような人間から見ると、この巨大なサイロが立ち並ぶ組織では、スピード感を持って何か新しいことを進めることが非常に難しいと感じた。

自分に足りない二つの要素

一方で、自分自身もＡＥＲＡ時代にいろいろな新機軸にトライしたとは言え、所詮それはＡＥＲＡというブランドがあってのことだと感じていた。ゼロから新しいものを生み出したわけではない。長く75歳まで働くことを仮定した場合、自分に足りない要素は何かと考えた時に、デジタルメディアでの経験と新規事業の立ち上げだと考えた。新しいメディアの立ち上げの仕事は、それにぴったりだ。

今、編集長を務めるビジネスインサイダージャパンは、もともとアメリカで２００９年に生まれたビジネスインサイダーというオンライン経済メディアの日本版だ。ニューヨークのシリコンアレーで始まったこともあり、テクノロジーやドットコムビジネスに強い。さらに読者はミレニアル世代、１９８０年以降生まれの世代をターゲットにしている。アメリカではこの層は消費者としても、政治的にも存在感を強めている。先の大統領選でも、この世代がサンダース旋風を巻き起こしたことは記憶に新しい。人口が多いこともあるが、それまでの世代とは違う価値観を持つ世代として注目されている。

日本版は２０１７年１月に立ち上がった。その前年、ライセンス契約がそろそろまとまりそうだ、という段階で、編集長をやらないかと声がかかった。私がこの先メディア業界で働いていくうえで、自身に足りない二つの要素、デジタルメディアを体験すること、しかもゼロからの立ち上げを経験できることは、何にも代えがたい経験だと直感した。

もう一つの決断理由は、若い世代にニュースを届けられると感じたことだ。ＡＥＲＡ時代、どんなに20代、30代を意識した企画を立てても、読者を若返らせることは難しく、手を替え品を替え試行錯誤しても、「届いていない」という敗北感を抱いていた。ＡＥＲＡに記事を書いてもらっていたあるジャーナリストから、取材を申し込んだ会社の30代社員がＡＥＲＡをもはや全然知らなくてショックを受けた、と聞いた時は、恐れていたことが起きつつあるなと震撼した。デジタルメディアでなければ、もう若い世代には届かないのだ、ということを薄々感じていたが、認めたくなかった。でもそれを突きつけられたのだ。

一方、ネットには有象無象のニュースが溢れている。きちんと取材されたものも、他のメディアを単に引用しているだけのものも同列に扱われ、読者、特にニュースを読み慣れていない読者にはその価値判断は難しい。時にはミスリードされることもあるだろうし、真偽が不確かなニュースを信じてしまうこともあるだろう。

私は決してプロの記者やジャーナリスト、ライターだけが書き手であるべきだとは思っていない。当事者の声は何よりも強いし、専門家の文章は記者が取材して書いたものより、説得力がある場合が多い。

だが、書いたままをそのまま出すのではなく、そこに「編集」という手が入ることが大切だと思っている。書き手が書いてきた文章を、きちんと第一読者として読む人がいること。その読み手が適切なコメントをフィードバックしたり、手を入れたりすることで、独りよがりではない、より伝わりやすい文章になるし、客観性を担保できると思っている。その工程を経た良質なニュースを、もっとデジタルメディアが作っていけるのではないか。それができれば、若い人たちが政治や経済、国際ニュースに興味を持ってくれるのではないかと思った。

ニュースを知り、ニュースを理解することは、私は生きていくうえでの〝武器〟になると思っている。若い人たちは新聞も読まず、テレビのニュース番組も見ない。でも、結果的に社会で起きていること、社会の構造を知らなくて損をするのは自分たちなのだ。なぜ自分たちはこんなに長時間働いているのか、なぜ自分たちはこんなにも将来が不安なのか。なぜ日本では子どもを産み、育てにくいのか。自分たちが不安に思い、悩んでいることの背景には個人ではどうしても解決に限界があるものが多い。その状況はなぜ生まれたのかをきちんと理解していかないと、ますます苦しい状況に追い込まれる。解決のためにどう行動すればいいのかすらわからないし、考えることもできない。若い世代こそ、ニュースを知るべきなのだと思っていたので、この新しいメディアの話に飛びついた。

ワクワクする方、困難な方へ

朝日新聞社の退社が決まって、「よく決断しましたね」と多くの人から驚かれた。転職先はベンチャーだから、もちろん年収はかなり減った。会社の規模もうんと小さくなった。朝日新聞社にそのままいれば、高い給料のまま定年を迎えることはできただろう。でも、あと10年、本当にそれは自分がワクワクすることなのか、と自問すると、自分の気持ちは割とすぐに固まった。

周りからはそんな新しいメディア、大丈夫なのか、と心配もされた。でも、このまま同じところに留まっている方が自分にとってはリスクに思えた。定年の後、自分に何が残るのか、と考えると、ＡＥＲＡ時代の経験だけで10年後、食べていけるとは思えない。だったら、ちょうど50歳、まだ元気なうちに新しい経験やスキルを身につけることで、60歳以降もチャンスがあるのではないか、と考えたのだ。

自分の気持ちは割とすぐに決まったと書いたが、何人かには相談した。なにせ新卒で入社した会社に28年勤め、50歳にして初めて転職するのだから。その1人が元カルビー会長兼ＣＥＯ会長の松本晃さんだった。私の気持ちが固まっているのはお見通しだった。松本さんは一言、「ワクワクする方を選んだ方がいい」と言われた。私の気持ちが固まっているのはお見通しだった。その後、松本さんがカルビーからライザップというベンチャーのＣＯＯに移籍した時、その転身に驚く声が大きかったが、私は「松本さんらしい選択だなあ」と不思議ではなかった。

もう1人は、ワシントン在住の久能祐子さんだ。アメリカで二つの新薬を生み出し、その創業者利益で今は財団を創り、若手の科学者やアーティストを支援している。同じ高校の先輩というご縁もあって、ＡＥＲＡの「現代の肖像」にも出ていただいた。創薬という事業は結果が見えるまで長い期間がかかる。暗闇を歩き続けるような期間を何度も経験されてきた久能さんの言葉にはいつも大きなヒントがあった。久能さんからは、「私はいつも二つ道があって迷ったら困難な方を選んできた」というアドバイスをいただいた。

今、あらゆる業界でこれまでの手法が通用しなくなり、大再編が起きている。アマゾンが小売だけでなく、物流や金融、コンテンツ事業にも進出する時代だ。メディアも例外ではない。その激変するメディアの最先端に身を置いて、〝特等席〟で見たいという気持ちも大きかった。外から見て評論家的に論評するのは簡単だ。でも自分が立ち上げたメディアがどこまで通用するのかは、自ら手を動かし汗をかき、トライ&エラーを繰り返さなければわからない。そこではきっと向かい風もまともに受けるだろうし、荒波が来れば小さなメディアはひとたまりもないだろう。でも、きっと一番遠くまで見ることもできるはずだ。私は今も、AERA時代にインタビューした糸井重里さんの「ゼロになってもがく」という言葉を時折かみしめる。苦しくなると、もがいた人でないと見えないものがきっとあるはず、と言い聞かせるために。

実際2017年4月に移籍したビジネスインサイダージャパン編集部は、多難続きだった。今この原稿を書いているのは2018年夏だが、本来この書籍の原稿は、もっと早くに書き終える予定だった。だが、とにかく忙しくて全く時間が取れなかった。AERA時代に忙しいと言っていたのとは比べものにならないほどだった。

特に最初の年の8月ぐらいまでは、休日もずっと家でパソコンに張り付いて原稿の入稿をしていた。編集部の人数が10人もいなかったから、人が足りない。原稿が足りない。私だけでなく、編集部員みんなで取材して書いて、をフル回転でこなしていた。５月の連休に、シリコンバレーに女性起業家のための合宿に出かけたが、一緒に行った仲間がナパバレーのワインツアーに出かけている間もずっとホテルにこもって入稿していた。その一方で、ちゃんとニュースを取材できる記者を探す採用活動など、編集部の体制も整えなくてはならなかった。よくベンチャーの立ち上げでは、みんな会社の床にダンボールを敷いて寝た、という話を聞いていたが、その様子を初めて実感した。

そして、組織を整えるという意味だけでなく、新しいメディアではやらなければならないことが山ほどあった。記者は取材して記事を書く、ということだけが仕事ではない。ヤフーやＬＩＮＥといった外部プラットフォームへの配信や、ツイッターやフェイスブックへの投稿。そしてフォロワー数をどうやって伸ばしていったらいいか。読者とのイベントを開催し、どうやって読者との強い絆を作るかなどなど。記事を書いたら終わり、ではないのだ。今も若い記者も含めて、１人何役もこなしている。

ありがたいことに、メディアを立ち上げて半年経った頃から、ビジネスインサイダー編集部に入りたいと、多くの人が応募してくれている。多くがライターの経験者や新聞社の記者だ。だが、こういった記事を書きたい、という自身の願望はあっても、どういったメディアを作りたい、そうした中で自分はどんな役割をこなせる、といった人は少ない。これからメディアで働きたいという人は、取材して書く、という一芸だけではきついと思う。少なくとも写真の撮影は自分でする、もう少したてば、動画も自分で撮影し、それを編集できる。さらにはSNSでの発信でうまく拡散できる。読者とのコミュニティ作りにアイデアがあるなど、1人でいくつもの役割をこなせなければ、新しいメディアの中で生き残っていくことは難しいと思うし、そうした1人何役もできる記者兼編集者でないと新しいメディアを作っていくことはできないだろう。それはフリーランスのライターやジャーナリストも同じではないかと感じている。

創刊から1年半経った9月からビジネスインサイダーはdTVチャンネルで「NewsX」というニュース番組も持っている。そうすると今度は、「話せる」ことも重要だ。メディアはどんどん垣根を越えていく。自分が取材したり、編集したりしたニュース記事をどんな形で世に出すのか。文字だけでなく、どう見せたら一番伝わるのか。それ自体を面白がってトライできる、そんな人材が望まれている。ビジネスインサイダー編集部を見ると、やはり20代の記者はそうしたことが感覚的にうまい。ツイッターや動画を記事に埋め込んだりして、記事を立体的に見せることをラクラクやってのける姿を見ると、デジタルネイティブ世代の強さをまざまざと見せつけられ、少し落ち込む。

とまあ、とにかくあれもこれも、やりたい、やらなければならないことに追われていたら、転職した年の夏に肺炎にかかったり、11月には人生で初めて過労で入院するなど、あれだけハードだと自分では思っていた週刊誌の生活が、ラクに思えてくるほどだった。

とにかくウェブは無限なのだ。何もかも。容量に限界がないので、何本でも記事を載せようと思えば載せられる。締め切りがないから、いつでも記事を更新できる。他のメディアよりももっと多く、速くということを追求していけばキリがない。それをやればある程度、数字（PV）が伸びていくものだから、最初はそれが励みになった。だがそのうち数字が落ちることが恐怖になり、やめられなくなった。そうすると、もう仕事蟻地獄になる。

途中から、このままではみんなが共倒れになってしまうと恐ろしくなった。1～2年の勝負ではない。長くメディアを続けていくためにも、編集部全体がサステナブルに働くにはどうしたらいいのだろう。これはAERAの時と同じだ。

ビジネスインサイダーが所属する会社自体は当時、リモートワークを認めていなかったが、編集部にはワーキングマザーもいる。湘南方面に住んでいて通勤時間がかかる編集部員もいた。

一方で、翌朝に出す記事が上がってくるのが夜になることも多く、記事のチェックが夜中になることもある。翻訳チームは、早朝からアメリカのニュースをチェックしている。何より、ニュースを相手にしていれば、大きなニュースが起きればその都度動かなくてはならないのだ。それをこの少人数でやるには、各人が自由に働き方を自分で〝創る〟しかないと思った。夜中に働いたら、翌日は自分の判断で遅めからスタート。原稿に集中したい日はリモートワーク。ビジネスインサイダー編集部でヒット記事を連発する女性記者は、子どもが2人いるので通常夕方5時過ぎには編集部を出る。だが、彼女は毎朝4時に起きて原稿を書いたり、取材の準備をしたりしている。私もこのビジネスインサイダー編集部に移ったあと、子どもが〝祖父母からの独立宣言〟をしたので、週の半分はご飯を作りに帰宅する。ご飯を食べさせ、後片付けをしたあと、もう一度自宅で原稿を見る、という働き方をしている。

もちろん、総労働時間が長くなりすぎないようにマネジメント側が気をつける必要があるが、一番大切なのは、その人が一番働きやすいように働いているか、その人が結果を出しやすいように働いているか、ということだと思う。人によって家族の状況も違えば、力量も違う（ということは仕事の進め方、かかる時間も違う）。働き方のカスタマイズこそが今の時代に即した働き方なのだと思う。これはメディアの世界に限った話ではない。

こうした働き方を可能にしているのは、Ｓｌａｃｋというチャットツールだ。私もビジネスインサイダー編集部に移籍して初めて使ったが、このチャットツールで今、自分が何の仕事をしているか、今日の予定を共有したり、時には「この記事面白かったよ」と上げたり、取材で行き詰まった時にアドバイスを求めたりしている。編集部にいなくても、誰かとおしゃべりをしている感じが続く。Ｓｌａｃｋの中を見ていると、誰が今何をしているかもわかるし、何に困っているかもわかる。仕事が回っていない編集部員がいれば、「手伝うよ」と手を挙げる人がいるし、困った時にはみんなに「助けて」と言いやすい。

１箇所に集まる必要がない。そしてコミュニケーションが何よりもフラットな感じで進んでいく。

新聞社というヒエラルキーがはっきりした組織から来ると、このフラットでオープンなコミュニケーションこそ、新しい働き方を可能にしているし、何よりも新しいメディアにぴったりだと感じている。


フラットでオープン。働き方が変われば、組織自体の空気も変わる。仕事は大変だが、今の編集部がとても居心地がいいのは、年齢に関係なく、それぞれの個性と得意なスキルを認め合っているからだと思う。誰が言ったかではなく、〝何を〟言ったかが大事。新しいアイデアや企画を提案した人が実行する、そしてそれをリスペクトする。そのカルチャーがあれば、閉塞感が生まれることはない。

新しいデジタルツールとそれを生かした働き方、そしてそこから生まれる企画。こんなこともあった。

２０１７年秋、熊本市議会に子どもを連れて出席した女性市議に対して、賛否両論、議論が巻き起こった。ちょうど私は、世界中のビジネスインサイダー編集部の編集長が年に１回ニューヨークに集まる会議があり、出張中だったので、この論議に出遅れてしまった。Ｓｌａｃｋ上で、「この熊本市議会の問題で何か企画できないかな」とつぶやいたら、それぞれの編集部員が自分の体験やこれまで働いてきた職場の事例などを次々Ｓｌａｃｋに書き込んだ。それ自体がとても面白かったので、「このSlack上の編集部の議論をこのまま記事にしよう」と提案。編集部内の議論をそのまま記事にしたところ、大きな反響があった。その意見の多様さもさることながら、こうした新しい記事の作り方自体が面白いし、自由な感じがすると。

これまでだったら、新聞などでは自分たちの意見を言うものではない、それは楽屋落ちだと言われたことだろう。でもそもそも何がニュースか、ということ自体、変わってきている。

これまでにないメディアを創りたい。私だけでなく、編集部員の間でもその気持ちは強い。確かにゼロから創る過程はとても苦しい。でもそれ以上に日々ワクワクし、とにかく明日はどんなことが起きるのだろうと楽しみで仕方がない。そのワクワク感の方が、今は苦しみを上回っている。

1年半あまりで、自分たちが思っていた以上に大きく、影響力のあるメディアには育った。熱心な読者もついてきてくれるようになった。9月には「この1年で最も躍進したメディア」として、「スマートニュース大賞」も授賞した。これからがさらにこのメディアをより面白く、読者のためになるものにする勝負の時。編集部のメンバーと一緒に、ワクワクしながらの挑戦を続けていきたい。

おわりに

「プチプチをひたすら潰してきたような感じ。その結果として、働き続けてこられたのかな」

私の大学時代の同級生で、現在は外資系企業でエグゼクティブになっている友人はそう話した。この本を書くにあたって何人かの働いている同世代の友人たちに「なぜ、働き続けられたのか？」と尋ねたのだが、その一人はこう話してくれた。

私が社会に出た１９８９年というと、男女雇用機会均等法はできていたものの、本当にどこまで〝均等〟なのかと言えば、そんなこと誰にもわからない時代だった。私たちはそんな中でわからないが故にもしかしたら、楽観的に就職できたのかもしれない。

続けるか、辞めるか。それを決めたのはほんの少しの差だったのではないか、とずっと考えてきた。働き続けている同世代の女性たちに聞くと、多くが、目の前の仕事をひたすら一歩一歩やり続けてきた、という答えが多かった。誰もが目の前にプチプチがあったから、それを潰し続け、気がつけば自分が想像もしていなかった大きな面積にまでなっていた、そんな感じだ。

キャリアプランという言葉もなかったし、ワークライフバランスという概念もなかった。

から、目の前に崖が現れればそれをどうやったらクリアできるか、その都度考え考え、なんとか乗り切ってきた。むしろ先にこんなに大変なことがあると知っていたら、なかなか前に進むことはできなかったかもしれない。

なんとなく、ロールプレイングゲームに似ている。敵が現れるたびにオタオタしながらもなんとか倒して、時には仲間を見つけ、武器を手に入れ、一つ一つレベルをクリアしていく。ゴールは見えないけれど、目の前の課題をクリアするたびに自分の中に少しの達成感と充足感が生まれ、やめられなくなってしまう。敵は多くて手強いので、心が折れそうになることも何度もあった。でも、一つ倒したらもう一ついけるかも、と続けてきたような気がする。

同世代の働き続けてきた女性たちには、むしろ「女性も働くべき」と頭でっかちな主義主張から働き続けてきた人は少ない。仕事って楽しい、仕事が好き、という感覚をどこかで一度は味わったことがあり、それが忘れられないからこそ続けられてきたのではないだろうか。

バリキャリ、という言葉がある。私はこの言葉が大嫌いだった。AERA時代も自分の原稿では避けてきたし、編集長になっても極力使わないように努めてきた。この言葉は一生懸命働く女子をどこか揶揄《やゆ》し、冷ややかに見ているニュアンスが付きまとう。女のくせにバリバリ働いて、女のくせに仕事ばかりやって……。男性からはそういう視線で見られ、女性たちからは「あなたたちは違う」と一線を引かれている感じがした。今でも総合職で出産まですると、「勝ち組」というレッテルを貼られ、不安や不満を口にするだけで「あなたたちが好きで働いているんでしょ」「すべてを手に入れようとして贅沢だよね」というような空気はある。

懸命に目の前の仕事をすると社会から浮いてしまう……。「バリキャリ」はそんな現実を象徴している言葉だ。だから、この言葉を言われると身の置き場がなかった。

どうして男性が仕事で成果をあげれば祝福されるのに、女性は敬遠されるのだろうか。どうして仕事って面白い、働くのが好きと堂々と言える世の中にならないんだろうか。女子が仕事に対して、もっと健全な野心を持てる社会はいつになったら来るんだろうか。いつになったら誰にも遠慮せず、罪悪感を持たず、仕事に邁進できるんだろうか。

30年間で進歩したところもあれば、遅々として変わらない部分もある。財務省で起きたセクハラ事件や東京医大の不正入試問題など、2018年にもなってまだこんなことがあるのか、という事件が相次いだ。一方で、出産しても辞めない女性たちはどんどん増えていて、保育園の待機児童問題は深刻だ。より女性が働くことが「当たり前」になっているのに、男性、特に「おっさん」たちを中心とする構造やメンタリティーは変わっていない。

この本は私一人の力ではできなかった。

ＡＥＲＡの編集長を退任してしばらく経った時のこと。小さな書店で、私が手がけた本に関するトークショーがあった。登壇後に声をかけてくれたのが、この本の編集者である集英社の今野加寿子さんだった。

ほぼ同年代。そして同じぐらいの年齢の子どももいる。彼女が私にこんな本を書いてほしいという手紙をくれたのだが、当初は「私の話なんて誰が読むんだろう」と思っていた。それでも何度も熱心に本を書くことを勧めてくれた今野さんなしでは、とても書き下ろしで本を書く、などのしんどい作業はできなかっただろう。

心が動いたのは、彼女の熱心さだけではない。長く働き続けることで感じてきた想い、苦しさを乗り越えたからこそ感じる面白さややりがい、仕事をしながらの子育ての葛藤を彼女と話すたびに、「ああ、こういう同じ働いてきた女性の仲間たちのためにも、こんな想いで働いてきた、と残すことは無駄じゃないのではないか」と思い始めた。

この本を書くにあたり、何人もの同世代の女性たちと話した。中にはこれまで決して語らなかった過去を語りながら涙ぐむ女性もいた。普段、付き合っている中では、そんな辛かった過去など一度も聞いたことがないのに。封印してきたものが一気にあふれたようだった。

とはいえ、それからまもなく転職し、ゼロからメディアを立ち上げるという嵐の中に突っ込んでいったので、1年ぐらい本を書くどころではなかった。週末も夏休みも、いつでもどこでもパソコンを持ち歩き、座っている時は常にビジネスインサイダージャパンの原稿を入稿している、というような状態が続いたから。

それでも今野さんは辛抱強く待ってくれた。そして私が1章ずつ書き上げるたびに長い感想を送ってくれた。これぞプロの編集者という彼女の仕事ぶりに身が引き締まっただけではない。その中には自身の体験も書いてあり、彼女も私の文章を読んで、封印してきた想いが解かれたようだった。こうしたいろんな人たちの想いを少しでも〝伝えたい〟と亀のような筆の遅さだったが、少しずつ書きためていった。

これはある、たった１人の均等法世代の体験記だ。１００人いれば１００通りの働き方があり、それぞれの想いがあるだろう。それでもバブルが崩壊して、日本が失われた時代に突入する頃、結婚退社がまだ当たり前だった頃、女性が働くということがまだ当たり前でなかった頃、どんな想いで同世代の女性たちが働いてきたのか、そのことに少しでも想いを馳せてもらえたらなと思う。

その一方で、できれば今の20代30代にはこうした歴史も軽々と乗り越えていってほしいと思っている。働くことは大変だと不安ばかりが増殖してしまいがちだし、こうした上の世代の体験を聞くと、ますますそう思ってしまうかもしれない。だけど、私が若い人たちに一番伝えたかったのは、もう働くことに対して罪悪感を抱かなくていいし、「こうあるべき」という呪縛からいかに自由になるか、ということを意識してラクになってほしいということだ。そうすれば仕事はもっと面白く、やりがいを感じられるものになるのだから。

今の20代30代の人たちの話を聞くと、あまりにも〝完璧な〟キャリアプラン、人生計画を描いていて、圧倒される。20代で３社経験して〝尖ったキャリア〟を身につけ、30歳ぐらいでは出産したい。だからできれば学生時代の彼と結婚して……。聞いていると、こちらがちょっと息苦しくなるぐらい。もう少し〝寄り道してもいいんじゃない？〟と声をかけたくなる。
人生から少しでも不確実な要素を早く取り除いて、パズルのピースを早く埋めたいと願っているかもしれないけれど、そんなに仕事や人生は予定通りにいかないし、自身が立てたキャリアプランや計画にあんまり縛られすぎない方が、結果的には自分が苦しくならない。どんな人や仕事に出会うかは予想を超えているし、その目の前に現れたチャンスや現実を試してみた方がきっと人生は楽しい。こうでなければ、とあんまり思い詰めないで、とそれだけは伝えたいと思っている。

そして最後に。毎週週末になると、近所のスタバに籠っていた私をサポートしてくれた家族には感謝しかない。今はまだ「ママは仕事の方が大事なんでしょ」と反抗期真っ盛りの娘が働き出す頃には、どんな時代になっているだろうか。女性だから、というだけで、入試で差別をされたり、ハラスメントにあったり、とそんなことはなくなっているだろうか。少しでも時代を前に進めるために、娘たちの世代に何か残せるように、もう少し私も頑張ろうと思う。
そして、彼女がいつかこの本を読んだ時に、「働くことは楽しそうだ」と思ってくれたら。それが一番の願いである。

２０１８年10月29日　52歳の誕生日に

初出
本書は書き下ろしです。

装丁／本文デザイン
今井秀之

校正
鷗来堂

浜田敬子（はまだ・けいこ）
1966年山口県生まれ。上智大学法学部国際関係法学科卒業後、朝日新聞社に入社。前橋、仙台支局を経て、93年に「週刊朝日」編集部、99年に「AERA」編集部へ。2006年に出産し育児休業取得。2014年に女性初のAERA編集長に就任。その後、総合プロデュース室プロデューサーを経て、2017年に退社し、「Business Insider Japan」統括編集長に就任。テレビ朝日「羽鳥慎一モーニングショー」やTBS「あさチャン！」などでコメンテーターを務める他、「働き方」などのテーマでの講演も多数行なっている。

働《はたら》く女子《じょし》と罪悪感《ざいあくかん》

「こうあるべき」から離《はな》れたら、もっと仕事《しごと》は楽《たの》しくなる

2018年11月30日　第1刷発行

著　者　浜田敬子《はまだけいこ》

発行者　茨木政彦

発行所　株式会社集英社
〒101-8050　東京都千代田区一ツ橋2-5-10
電話　編集部 03-3230-6143
読者係 03-3230-6080
販売部 03-3230-6393（書店専用）

印刷所　図書印刷株式会社

製本所　加藤製本株式会社

ISBN978-4-08-788008-3 C0036